LES GRANDES OBÉDIENCES
DE LA FRANC-MAÇONNERIE FRANÇAISE

Éric Garnier

LES GRANDES OBÉDIENCES DE LA FRANC-MAÇONNERIE FRANÇAISE
Histoire, structure, initiation, grades

Photo de couverture : D.R.

© 2007 Éditions De Vecchi S.A. – Paris

■ Préambule

À première vue, rien ne ressemble plus à un franc-maçon qu'un autre franc-maçon. Tous les frères travaillant au développement des mêmes valeurs, élévations intellectuelle, spirituelle et morale, semblent ne faire qu'un. Plus encore, cette apparente unité est renforcée par la démarche universaliste selon laquelle chaque initié se doit de partager son expérience en faisant fi des différences culturelles, religieuses, politiques ou sociales. Pourtant, si l'on y regarde de plus près, que ce soit par simple curiosité ou dans le cadre d'une démarche initiatique, la réalité est loin d'être aussi simple.

Les aléas de l'histoire, guerres, révolutions, idéologies, religions, cultures, ont provoqué toutes sortes de scissions au sein de la confrérie et contribué à lui donner le visage polymorphe qu'elle affiche aujourd'hui. On ne compte plus les obédiences et les rites qui sont venus, au fil du temps, enrichir la confrérie de leurs diversités. Toutefois, si ce développement présente de nombreux avantages, en permettant notamment à chacun de trouver le chemin initiatique qui lui convient, cela a indubitablement rendu l'abord de la franc-maçonnerie peu intelligible. Face à cette évidente difficulté, il nous est apparu opportun de lever le voile sur ces divergences souvent infimes mais parfois fondamentales.

Dans un premier temps, nous reviendrons donc sur les grandes étapes qui ont marqué la franc-maçonnerie, afin de comprendre son développement et les origines de sa diversité. Une fois cette étape franchie, nous vous présenterons, à travers leur application française, les principaux rites respectés en maçonnerie, avant de consacrer une large partie de cet ouvrage à la description des plus grandes obédiences françaises. Enfin, avant de répondre aux questions que l'on se pose souvent – existe-t-il une franc-maçonnerie mondiale ou encore qu'est-ce que le symbolisme? –, nous dresserons un large panorama de la confrérie sur le plan international.

Cet ouvrage n'a pas la prétention d'être exhaustif ou de vous faire découvrir des pans jusqu'ici ignorés de la franc-maçonnerie. Il veut simplement être un guide pour accompagner les profanes ou les impétrants dans la découverte des méandres de cette société officiellement discrète mais dont on parle tant.

Histoire de la franc-maçonnerie

Rédiger ici une histoire exhaustive de la franc-maçonnerie serait non seulement une tâche par trop colossale mais surtout donnerait un résultat pour le moins indigeste pour les non-spécialistes et *a fortiori* pour les profanes. Aussi nous avons préféré présenter un bref historique de la confrérie destiné à permettre aux non-initiés comme aux impétrants de mieux appréhender le cheminement maçonnique.

Nous aborderons successivement les origines de la maçonnerie opérative, les rapports entre franc-maçonnerie et compagnonnage, la transition entre les loges opératives et les spéculatives et l'intérêt de l'histoire mythique de la confrérie. Nous reviendrons longuement sur l'histoire et les conséquences de la création de la première obédience en 1717 et l'apparition des anciens et des modernes, leur opposition et leur union. Enfin, nous étudierons un thème qui nous concerne tout spécialement, à savoir la naissance de la franc-maçonnerie spéculative en France. Nous dresserons donc un portrait de la franc-maçonnerie à travers ses grandes heures, en tout cas celles qui ont particulièrement influencé son histoire et son développement. Plus précisément nous vous présenterons ici les pages de l'histoire qu'il est nécessaire de maîtriser pour aller plus avant dans la découverte de la franc-maçonnerie.

Histoire de la franc-maçonnerie opérative

À l'origine, la maçonnerie ne correspondait en rien à ce que l'on en connaît aujourd'hui. La maçonnerie dite opérative était composée de corporations de métiers dont les membres étaient incontestablement les plus habiles constructeurs de leur époque.

Ces guildes formées en Angleterre, en Écosse et en France depuis le XIe siècle (la première aurait été créée à York en 926 par Athelstan, le premier roi d'Angleterre) étaient alors composées de tailleurs de pierre et des représentants de tous les corps de métiers du bâtiment. Ces hommes étaient capables des plus grandes prouesses architecturales comme l'édification des cathédrales gothiques et de nombre des châteaux médiévaux. Ils connaissaient la géométrie et étaient capables de dresser vers le ciel de gigantesques murs de pierre à l'aide de moyens pour le moins rudimentaires. Aussi il est inutile de préciser que leurs secrets de fabrication étaient jalousement gardés. Les maçons prenaient soin de ne divulguer les moindres détails de ce savoir-faire à personne, même pas aux évêques ou aux rois qui les employaient. Pour plus de sûreté et aussi par nécessité, la plupart d'entre eux ne savaient ni lire ni écrire, la transmission de ces techniques se faisait par voie orale, la plupart du temps au sein de simples locaux de chantier construits à proximité des bâtiments en construction et appelés traditionnellement des *loges*.

Pour ce qui est du terme de « franc-maçon », on ne connaît pas exactement ses origines. Deux théories sont avancées. La plupart des historiens s'accordent pour dire que cette appellation serait en rapport avec le fait que les membres de ces corporations de métier n'étaient en aucun cas obligés de rester dans une ville ou une région définie : ils étaient libres de parcourir le pays tout entier à la recherche de travail et de s'installer où bon leur semblait. De cette spécificité ou plutôt de cet avantage viendrait donc le qualificatif de maçons « libres », en anglais *free masons*. La seconde explication, moins convaincante, ferait dériver l'appellation *free* de *freestone*, une pierre comme le grès, facile à découper, que les maçons de l'époque employaient beaucoup.

Très prisés pour leurs compétences, les francs-maçons opératifs ont très vite été appelés sur tous les chantiers d'importance et, à la fois pour satisfaire tous les clients potentiels et pour éviter les excès ou les trahisons, il a fallu organiser ces corporations en définissant des règles de travail et de vie. Le plus ancien document connu contenant ces fameuses règles est le *Régius*, que l'on peut aujourd'hui admirer au British Museum. Rédigé en 1390, ce manuscrit – qui, soit dit en passant, est certainement la copie de documents plus anciens – décrit très précisément les règles que devaient respecter les maçons. Tout y est: l'énonciation des conditions requises pour entrer au sein des corporations, le code moral à y respecter et, bien sûr, les règles professionnelles. Le manuscrit définissait même les standards de qualité exigés par les francs-maçons et qui donnaient aux commanditaires l'assurance d'obtenir un travail excellent.

Le secret entourant le savoir-faire des maçons était tel que personne, hormis ces derniers, n'était capable de savoir qui faisait partie de la guilde ou non. Les « maîtres maçons » responsables des chantiers étaient dépositaires du mot de passe et de la poignée de main qui leur permettaient secrètement de se reconnaître et de faire preuve de leurs aptitudes sans pour cela avoir à construire une voûte en ogive.

Pour reconnaître les apprentis et les compagnons, le système employé était identique, si ce n'est dans la forme en tout cas dans l'esprit. Les apprentis, au bout de trois ans de pratique auprès d'un maître maçon, étaient initiés et apprenaient au cours de la cérémonie d'initiation les signes des apprentis qui leur serviraient par la suite à se faire reconnaître de leurs pairs. Par la suite, ces apprentis devenaient compagnons au bout de sept longues années de labeur puis maîtres maçons lorsque ceux-ci considéraient qu'ils étaient enfin aptes à prendre la responsabilité de chantiers et surtout à transmettre à leur tour les secrets du métier.

Pendant tout le Moyen Âge, ces guildes furent de tous les chantiers. On leur doit l'édification de la plupart des plus beaux monuments de l'époque. Partout en Europe, la qualité, la précision, la beauté et souvent même le gigantisme de leurs réalisations ont fait la réputation de ces francs-maçons. Pourtant la Renaissance va porter un coup terrible à la franc-maçonnerie opérative. Le renouveau scientifique, artistique et esthétique en cours à cette époque renverse tout sur son passage. Non seulement l'invention de l'imprimerie permet aux artisans d'apprendre et de transmettre facilement les techniques de leur art, rendant ainsi obsolètes les pratiques des opératifs, mais surtout la religion passe, sous l'impulsion des artistes italiens, au second plan. On ne construit plus d'églises et les francs-maçons se retrouvent très vite sans contrat. Ainsi commencent les années noires de la franc-maçonnerie opérative.

La franc-maçonnerie ne procède pas du compagnonnage, au contraire

Lorsque l'on évoque l'histoire de la franc-maçonnerie opérative, il est impossible, aujourd'hui, de ne pas immédiatement constater une similitude avec le compagnonnage. D'ailleurs de cette analogie est née une des rumeurs les plus persistantes à propos de la franc-maçonnerie : elle serait la digne héritière du compagnonnage. Pourtant, cette affirmation est fausse et il est aujourd'hui grand temps de tordre le cou à cette contrevérité.

La franc-maçonnerie et les compagnons sont deux organisations différentes. Certes, elles trouvent toutes les deux leurs racines au Moyen Âge, partagent une histoire assez semblable et utilisent des traditions et des symboles d'une proximité troublante. Mais les correspondances s'arrêtent là, et si, en de rares occasions, compagnons et francs-maçons ont esquissé de timides rapprochements, ce ne fut que pour satisfaire une certaine curiosité ou mettre en commun certains travaux, en aucun cas pour faire oublier une quelconque scission. Les compagnons et les francs-maçons sont deux sociétés distinctes et c'est une erreur de penser que la franc-maçonnerie trouve ses origines ou même son inspiration dans le compagnonnage.

Pour le prouver, un simple retour en arrière suffit. La franc-maçonnerie est largement antérieure au compagnonnage et est même, par certains côtés, à l'origine de sa création. À la fin du Moyen Âge, les guildes sont devenues surpuissantes. Elles règnent en maîtres sur les professions qu'elles régissent et il devient presque impossible d'y entrer. En effet, au fil du temps, l'aptitude au travail et la motivation, seuls critères pour y être admis à l'origine, ont été supplantées par la voie héréditaire.

Pour contourner cette situation, les ouvriers indépendants s'organisent. À leur tour, ils créent des confréries pour se défendre et imaginent un système de formation. Les apprentis sont obligés de faire leur fameux tour de France et vont de ville en ville apprendre leur métier ou même se perfectionner. Un réseau d'accueil est mis à leur disposition. Comme les francs-maçons, ils adoptent un parcours initiatique, se dotant de traditions et d'une symbolique destinée à leur permettre de mémoriser les secrets de leurs métiers. Le compagnonnage est né.

La confrérie des compagnons, à la différence des francs-maçons, aborde plus sereinement la Renaissance en raison de la plus grande diversité de ses métiers. Grâce à cela et à l'exceptionnelle qualité de ses membres, le compagnonnage a su résister aux aléas de l'histoire et au progrès. Ainsi, les compagnons existent encore de nos jours et continuent non seulement à effectuer leur tour de France mais surtout à impressionner par leur savoir-faire.

De la franc-maçonnerie opérative à la franc-maçonnerie spéculative

Le milieu du XVIIe siècle est, partout en Europe et particulièrement en Angleterre, une période de changements. En effet, la fin des guerres civiles marque un véritable tournant dans les esprits et, très vite, les préoccupations d'hier comme la religion ou la magie laissent place à de nouvelles voies. On accepte désormais, au vu des séquelles qu'ont laissées les guerres de Religion, que les Saintes Écritures ne peuvent pas répondre à toutes les questions. C'est donc dans ce cadre que naît la franc-maçonnerie spéculative.

L'histoire veut que, en 1640, les loges opératives anglo-saxonnes aient commencé, on ne sait pourquoi, à admettre des membres étrangers à la profession. On ne sait que peu de choses sur les motivations de cette ouverture si ce n'est l'explication officielle, qui, on le verra plus tard, est depuis 1978 battue en brèche. Selon elle, les opératifs, simples gens de métier, n'avaient rien à voir avec les intellectuels qui commencent à se presser dans les loges en ce milieu de XVIIe siècle. Et pourtant, quoi de mieux pour ces nouveaux savants que de s'intégrer au groupe de ceux qui, il y a encore quelque temps, possédaient le savoir, connaissaient la géométrie, la physique, l'architecture et même la théologie. De plus, le grand incendie qui ravage Londres en 1666 aurait offert à la franc-maçonnerie un cadre favorable à sa restructuration. En effet, les loges vraisemblablement en sommeil depuis la Renaissance se seraient alors reformées dans la capitale anglaise à l'occasion de sa reconstruction.

Parmi ces nouveaux membres issus d'horizons divers, on trouve des artisans, des clercs, des nobles et des bourgeois qui entrent en loge sous l'appellation de francs-maçons « acceptés ». Ceux-ci voient en la franc-maçonnerie une façon pour le moins originale et surtout efficace de permettre aux hommes de se perfectionner à travers le symbolisme et le parcours initiatique maçonnique. De la même façon que les opératifs élevaient des cathédrales, ceux que l'on n'allait pas tarder à appeler les spéculatifs cherchaient à en faire de même en élevant leur temple intérieur.

Grâce à eux, la franc-maçonnerie évolue alors à grands pas. Dorénavant les loges ne se concentrent plus sur les préoccupations liées au métier ; au contraire, elles deviennent des lieux de rencontre et d'échange. On y développe des activités culturelles, sociales et parfois même caritatives sur fond de traditionalisme maçonnique dont le but évident est d'assurer un lien entre tous ces hommes, certes unis par des motivations communes mais issus de milieux très différents. La franc-maçonnerie spéculative est née.

Encore une fois, la chose est, on l'a vu, fréquente en maçonnerie, l'histoire du passage de l'opératif au spéculatif comporte quelques zones d'ombres. On ne sait pas réellement ce qui a incité les maçons de métier traditionnellement si avares de leurs secrets à ouvrir leurs portes à des impétrants de tous horizons. De la même manière, personne ne sait vraiment ce qu'il était advenu de la franc-maçonnerie au cours du siècle précédent. Toujours est-il que la maçonnerie que l'on croyait en péril réapparaît au milieu du XVIIe siècle bizarrement plus forte que jamais. Pour étayer ces théories, les preuves sont pour le moins légères. Les spéculatifs s'appuient sur des documents émanant des loges écossaises. Sur ces écrits datant de l'époque sont consignées les étapes de cette mutation vers le spéculatif. Par association, les maçons du monde entier ont admis que ce qui s'était produit dans un pays s'était forcément répété dans les autres.

Après avoir passé des années à essayer de combler les trous de leur histoire, les francs-maçons tentent depuis quelques années maintenant de retrouver la vérité. Ce qui semblait hier inutile prend aujourd'hui un caractère incontournable : il est nécessaire de savoir de quoi est réellement fait le passé de la franc-maçonnerie. Si théoriquement les francs-maçons cherchent à se connaître à travers les différences qu'ils observent chez les autres, une nouvelle approche qui se veut complémentaire consiste en la connaissance de leur propre passé.

Cette recherche prend, au regard des découvertes actuelles, de plus en plus d'importance. En effet, les premières constatations font rapidement apparaître que si les théories validées par Anderson, selon lesquelles les spéculatifs procèdent des opératifs, ont été acceptées sans être ne serait-ce que discutées, il apparaît à l'heure actuelle qu'elles sont sans fondement. Certains même et pas des moindres affirment aujourd'hui que la franc-maçonnerie spéculative a été créée non au sein de l'opérative ni même en marge mais de façon totalement indépendante.

En revanche, si ces nouvelles versions de l'histoire maçonnique semblent en passe d'être admises, personne n'est en mesure de définir où et quand les loges spéculatives ont vu le jour. Quelques-uns voient en elle les héritières des groupuscules de conspirateurs royalistes, d'autres, de conspirateurs républicains ou encore de fervents catholiques. Bref, on semble encore loin de retrouver la vérité.

La maçonnerie, qui semblait jusqu'aux années 1980 connaître les frontières entre son histoire mythique et la légende construite autour d'elle dans un but initiatique, est aujourd'hui en plein questionnement. En effet, les nouveaux historiens de la confrérie ont littéralement ouvert la boîte de Pandore. Et aujourd'hui personne ne sait ni où ces recherches vont mener ni si elles vont aboutir. Toutefois, cette quête ne perturbe aucunement l'existence des loges ni leurs travaux qui, on le verra par la suite, ne dépendent en rien de l'histoire objective de la confrérie.

Histoire mythique de la franc-maçonnerie

Au Moyen Âge, la franc-maçonnerie n'était pas encore spéculative mais opérative. Comme on l'a vu, les maçons se retrouvaient au sein de loges qui n'étaient en fait que des abris rapidement montés sur les chantiers. C'est donc sur les fondations de ces cathédrales et autres églises que s'est forgée la tradition maçonnique. Chaque chantier pour ainsi dire apportait sa pierre à l'édifice. En effet, chacun d'entre eux nourrissait la tradition naissante de sa propre influence, inspirée tantôt par l'atmosphère qui y régnait, tantôt par les saints ou les seigneurs en l'honneur desquels ces chefs-d'œuvre allaient être érigés. Sur chaque site, des clercs diffusaient leur érudition, teintant de culture biblique l'aventure humaine qui se jouait sous leurs yeux.

Au XIVe siècle, certains de ces clercs entreprirent même de rédiger pour les frères l'histoire de la franc-maçonnerie. Pour ce faire, ceux-ci s'emparèrent littéralement de la très simple histoire contenue dans les *Old Charges* selon laquelle la franc-maçonnerie avait été créée en Égypte par Euclide, puis introduite en Angleterre par le roi Athelstan, pour en faire une véritable épopée.

Très vite l'histoire de la franc-maçonnerie ou en tout cas celle qu'on lui prête prend une allure pour le moins légendaire.

À grand renfort de références bibliques et antiques mêlées aux traditions issues de la vie de chantier, les clercs inventent à la confrérie des origines si lointaines qu'on se demande comment les maçons de l'époque ont pu y adhérer. Et pourtant. En très peu de temps, cette histoire mythique, bien que truffée d'anachronismes, s'insère au sein de la franc-maçonnerie et prend même place en ouverture des « Devoirs » que l'impétrant se doit d'assimiler avant de les observer tout au long de sa vie maçonnique. Déjà à l'époque, les clercs trouvent au sein de ces légendes les moyens de moraliser des maçons qui n'ont alors rien à voir avec l'éducation et les manières de ceux d'aujourd'hui.

Plus tard lorsque la franc-maçonnerie se transforme et devient spéculative, les frères n'hésitent pas une seconde et s'emparent de l'histoire légendaire du métier figurant dans les *Old Charges*. Le pasteur anglais James Anderson et son compère Desaguliers à qui l'on confie en 1717 la rédaction de la constitution de la première Grande Loge fondée la même année, reprennent l'histoire en ayant soin, tout en en gardant l'esprit, d'en corriger les grossières imperfections. Mieux, les deux écrivains se lancent même dans une exagération du mythe. Une fois passée par leurs mains, l'histoire de la franc-maçonnerie fait un nouveau bond dans le passé puisqu'elle remonte désormais au temps biblique d'Adam et Ève. La franc-maçonnerie est aussi vieille que l'homme et trouve ses origines au moment de la Création.

À première vue, l'entreprise menée par Anderson semble pour le moins malhonnête, mais telle n'est pas sa visée. Ce dernier précise dans ses écrits qu'il entend que l'on accepte cette histoire venue du Moyen Âge comme un récit mythique, en rien réaliste mais essentiel en matière de spiritualité et d'initiation. Sans se départir de cet état d'esprit, Anderson se lance également dans la réécriture de l'histoire proche de la franc-maçonnerie jusqu'à ce début de XVIIIe siècle. À nouveau, et comme l'avaient déjà fait ses prédécesseurs médiévaux, le pasteur anglais arrange le passé des opératifs, en s'inspirant certes de certains événements réels mais en leur donnant une nouvelle dimension légendaire.

Par la suite, le développement de la maçonnerie spéculative continue et, pendant une bonne partie du XVIIIe siècle, l'histoire légendaire de la franc-maçonnerie, elle, ne subit pas de modifications. Toutefois, le développement des loges et l'érudition de ses membres, mêlés aux découvertes historiques et archéologiques du siècle des lumières provoquent une nouvelle évolution de l'histoire maçonnique. D'abord, les loges n'ont plus rien en commun avec les anciennes guildes et l'histoire mythique du métier de bâtisseurs n'intéresse plus en tant que telle. À cette époque, une seule idée est dans tous les esprits et sur toutes les lèvres : la maçonnerie bien que pratiquement descendante des opératifs médiévaux ne peut, dans sa forme actuelle, trouver ses origines que dans le mythe de la construction du Temple de Salomon. En effet, selon les maçons, seule cette analogie peut correspondre aux idéaux maçonniques de l'époque, à savoir l'édification de son propre temple.

Par la suite, la légende d'Hiram, assassiné par les trois compagnons prêts à tout pour s'emparer des secrets du maître, fut elle aussi ajoutée à cette histoire maçonnique mythifiée.

Cependant, même si cette mystification peut paraître d'un point de vue extérieur assez bizarre, il faut garder à l'esprit qu'elle n'a été conçue que dans un but purement initiatique. De plus, il est important de préciser que les maçons eux-mêmes n'ont jamais été dupes. Pour preuve, un texte rédigé au début du XIXe siècle pour accompagner les augmentations de salaire au rite écossais rectifié en parlait en ces termes : « L'histoire de la mort d'Hiram et de son assassinat est une fiction ingénieuse, que favorise à cet égard le silence des Saintes Écritures. » Il s'agit donc d'une évidence, la légende maçonnique en question n'est, en aucun cas, à prendre au premier degré, il ne s'agit pas d'une réalité historique et personne ne pense à la faire passer pour telle. L'histoire mythique de la franc-maçonnerie n'est pas là pour faire croire en de spectaculaires filiations mais bien pour illustrer au mieux un élément essentiel de la doctrine maçonnique, à savoir le chemin initiatique. Aussi il ne nous a pas semblé utile ici d'aller plus avant dans la description de cette légende qui comporte encore bien des affabulations sur les liens avec les différents ordres de chevalerie notamment. Une démarche de cette nature dénoterait en effet un tel intérêt pour la chose que seule la démarche initiatique pourrait le contenter.

La création de la première obédience et ses conséquences

Par-dessus tout, la franc-maçonnerie spéculative se révèle un excellent moyen de briser les barrière sociales. À l'époque de sa constitution, Londres vient à peine de se reconstruire après le grand incendie qui l'a mis à terre quelques années auparavant. Désormais, la capitale anglaise attire toute sorte de gens venus trouver à la ville un travail plus rémunérateur et surtout un moyen de s'élever socialement. La vie londonienne devient ainsi l'une des plus animées et les pubs ne tardent pas à devenir des endroits de rencontre et d'échange privilégiés.

À cette époque, les loges maçonniques se réunissent également dans les cafés et brasseries et les noms des ateliers trouvent leurs racines dans ceux de ces échoppes. Ainsi, on trouve notamment la *Rummer and Grapes Lodge* (loge «Le Gobelet et les Raisins»), la *Crown lodge* («La Couronne»), la *Apple Tree Lodge* («Le Pommier») ou encore la *Goose and Gridiron Lodge* («L'Oie et le Gril»).

En 1717, pour la première fois, ces quatre loges se réunissent à la *Apple Tree Tavern* pour envisager de concert l'avenir de la franc-maçonnerie. Selon la légende, trois de ces ateliers étaient composés principalement de maçons opératifs et de quelques gentilshommes acceptés tandis que la dernière, la *Rummer and Grapes,* était elle entièrement spéculative. L'objectif de cette réunion : empêcher la confrérie de partir à la dérive. Les opératifs, quoique bienveillants à l'égard de ses nouveaux membres, voulaient donc établir des règles pour que perdurent certaines spécificités de la maçonnerie comme la tolérance religieuse, culturelle et politique et, surtout, pour éviter qu'elle ne devienne un de ces clubs de fêtards qui fleurissaient dans le Londres de l'époque sous couvert de principes caritatifs. Après de longs débats, et il faut bien le dire des agapes, paraît-il mémorables, on aboutit à la création d'une Grande Loge à même d'imposer des règles à toute organisation existante ou en formation.

Le 24 juin 1717, jour de la Saint-Jean, une nouvelle réunion tenue cette fois à la *Goose and Gridiron Lodge* est pour la première fois de l'histoire de la franc-maçonnerie le théâtre de l'élection d'un grand maître non opératif en la personne du maçon accepté Anthony Sayer. La révolution maçonnique est consommée, la confrérie est désormais avant tout spéculative.

Dès lors, la Grande Loge impose son autorité au monde maçonnique. Les loges constitutives sont numérotées de 1 à 4 comme celles qui vont se créer le seront plus tard, au fur et à mesure de leur inscription. La Grande Loge impose également une charte que chaque loge se doit de respecter pour prétendre rester au sein de l'organisation ou y entrer. En d'autres termes, la toute jeune et autoproclamée Grande Loge de Londres est en train d'établir les canons de la régularité.

Évidemment, les loges non londoniennes n'accueillent pas cette nouvelle avec enthousiasme. Alors qu'il suffisait pour une loge de respecter les quelques règles édictées par les *Old Charges* pour appartenir à la franc-maçonnerie, la création de la Grande Loge de Londres bouleverse l'ordre établi. Très vite quelques protestations sont formulées, mais rien ne vient à l'époque remettre en cause cette nouvelle autorité.

Dans un deuxième temps, la Grande Loge de Londres entend affirmer la suprématie de la franc-maçonnerie, primo en attirant dans ses rangs la haute noblesse et la grande bourgeoisie dont les prestiges respectifs ne pouvaient que rejaillir sur la confrérie, et secundo en garantissant l'ancienneté quasi antédiluvienne de l'organisation. Pour ce faire, la Grande Loge, comme on l'a vu (cf. «Histoire mythique de la franc-maçonnerie»), confie au pasteur James Anderson la charge de rédiger les constitutions et surtout l'histoire ou plutôt la légende de la franc-maçonnerie. Laissons de côté cette légende que nous traitons largement par ailleurs pour nous concentrer sur les constitutions elles-mêmes.

Ce qui ne devait être qu'une version améliorée des *Old Charges* s'avère un véritable bouleversement. Non pas que ces nouvelles constitutions soient révolutionnaires, mais elles modifient profondément le visage de la confrérie en réaffirmant certains principes et en en créant d'autres.

Le premier d'entre eux, et non le moindre, est l'obligation faite aux membres de croire en un Dieu avéré : de « les obliger à la religion sur laquelle tous les hommes sont d'accord et de leur laisser à eux-mêmes leurs propres opinions »[1]. Bien sûr, rien ne précise ici quelle doit être cette religion. Pourtant cette liberté de culte est pour le moins avant-gardiste en cette période trouble en matière de religion. Pour la première fois, catholiques, protestants, calvinistes, juifs et autres presbytériens sont admis au sein des loges et encouragés à y vivre en bonne intelligence.

La seconde réforme importante introduite par les *Constitutions* d'Anderson est l'interdiction faite aux frères d'aborder des thèmes politiques au sein des loges. Ainsi, les francs-maçons pourront vivre en bonne intelligence et surtout ne jamais s'attirer les foudres des pouvoirs locaux. Voilà un vœu pieux qui ne sera que de courte durée.

L'autorité de la Grande Loge, on s'en doute, ne tarde pas à être mise en question. Très vite, de nombreuses loges contestent point par point les règles établies par celle-ci. Les loges semblent rechigner à accepter cette uniformisation de la franc-maçonnerie et, pire encore, bien des ateliers beaucoup plus anciens que la Grande Loge de Londres refusent tout bonnement cette autorité. Par ailleurs, l'élévation sociale non pas forcée mais fortement encouragée par la Grande Loge de Londres ulcère nombre des maçons de la campagne qui ne voient pas d'un très bon œil ce virage entamé par les Londoniens.

1. Constitutions d'*Anderson*.

En 1725, le torchon brûle entre les loges de Londres et les autres. Cette année-là, celles d'York se réunissent à leur tour et décident de créer la Grande Loge de Toute l'Angleterre. Rejetant l'autorité de la Grande Loge de Londres, elle provoque alors un premier schisme. Cependant, il faut attendre 1751 pour que les choses changent pour de bon. Entre-temps, les Grandes Loges d'Irlande et d'Écosse régulières ou pas se sont formées sans rien changer à la donne. Non, c'est encore une fois de Londres que part la « révolution ». Cette année-là, quelques maçons londoniens inquiets de la tournure prise par la franc-maçonnerie décident qu'il est largement temps de revenir aux anciennes traditions de la confrérie. Ils créent alors la « Grande Loge des francs et acceptés maçons selon les vieilles institutions », également appelée l'« Ancienne Grande Loge », et donnent de fait le qualificatif de « modernes » aux membres de la Grande Loge de Londres. Pour la première fois, la franc-maçonnerie est divisée en deux ; le concept d'obédience est né.

C'est une véritable guerre qui s'instaure alors entre les deux courants. Cette « querelle des anciens et des modernes » va durer des années. La tolérance soudain instaurée par les modernes paraît pour les anciens être une remise en cause des fondements de la tradition maçonnique et est de fait inacceptable. En 1756, la promulgation des *Ahiman Rezons*[2], véritable constitution de l'Ancienne Grande Loge qui est une vraie ode au déisme autrefois en vigueur au sein de la maçonnerie, marque un tournant dans le conflit en précisant aux yeux de tous la nature d'un antagonisme pas toujours très bien compris par les non-initiés et les maçons eux-mêmes.

Très vite un constat s'impose. La querelle entre anciens et modernes est contre toute attente très bénéfique à la franc-maçonnerie. De ce débat fratricide ressort une volonté commune de régularité et de défendre l'« esprit maçonnique ».

Dans cet esprit, les deux obédiences travaillent de concert à une réunion des « anciens » et des « modernes ». Celle-ci ne se

2. Ahiman Rezons : de l'hébreu ahim (*frère*) et manah (*choisir*).

réalise qu'en 1813 après plus d'une cinquantaine d'années de labeur et de tractations. La création de la Grande Loge unie d'Angleterre consacre l'avènement du théisme et donne un souffle nouveau à la régularité maçonnique qui est encore aujourd'hui au centre des débats.

La Grande Loge unie d'Angleterre : étalon de régularité maçonnique ?

Comme on l'a vu, l'histoire de la franc-maçonnerie est faite de conflits et de scissions qui ont marqué la confrérie sans jamais l'affaiblir. Au contraire, les maçons se sont toujours nourris de l'adversité en faisant de la différence une force. Depuis 1751 et la scission entre anciens et modernes, les grands maîtres des obédiences « rivales » n'ont eu de cesse de travailler à leur rapprochement. Toutefois les dissensions ne sont pas si faciles à faire oublier aux frères des deux obédiences, et la réussite de l'entreprise revient finalement à des éléments extérieurs.

Durant la seconde moitié du XVIIIe siècle, l'Empire britannique s'étend de façon quasi exponentielle. En 1763, les Indes et le Canada tombent sous la coupe britannique. Et si, en 1783, les Anglais perdent effectivement les États-Unis, en grande partie à cause de l'engagement de la France auprès des indépendantistes américains, ils se lancent aussitôt dans la colonisation de l'Océanie. Alors que la Grande-Bretagne s'octroie la maîtrise de l'Australie, la Révolution française enflamme le continent européen. Si, au début du XIXe siècle, l'Angleterre semble bien seule face à l'expansionnisme napoléonien, en 1813 la chute de Napoléon et de l'Empire fait de l'Angleterre la première puissance européenne, et de ce fait mondiale. Pendant près d'un siècle, la Grande-Bretagne va influencer le monde entier et c'est précisément dans ce contexte que les maçons anciens et modernes s'unissent pour donner à la franc-maçonnerie un nouvel essor.

Depuis 1751, le pasteur James Anderson, rédacteur des *Constitutions* et créateur de la maçonnerie dite moderne, défend une certaine ouverture permettant à des hommes de religions différentes de se réunir au sein des loges pour y travailler de concert. Les « anciens », eux, prônent selon leurs constitutions, les *Ahiman Rezons*, un déisme unique illustré par ces mots : « Je dois vous exhorter à honorer Dieu dans sa sainte Église, à ne pas succomber à l'hérésie, au schisme ou à l'erreur dans vos pensées, ni à l'enseignement d'hommes discrédités. »

Malgré ces différences importantes, la Grande Loge de Londres (modernes) et la Grande Loge des anciens maçons parviennent en 1813 à un compromis et se réunissent au sein de la Grande Loge unie d'Angleterre.

Les termes du traité répondent pleinement aux attentes des deux camps dont le désaccord porte depuis maintenant une cinquantaine d'années sur les principes religieux et notamment l'ouverture à des croyances autres que chrétiennes. Dorénavant, les francs-maçons seront tenus à l'obligation d'une croyance en un théisme[3] affirmant l'existence personnelle d'un Dieu créateur de l'Univers et générateur de toutes choses qui sera défini en loge par une appellation unique : « le Grand Architecte de l'Univers ». La nécessité de croire en un Dieu devient donc officielle mais aussi libre puisque le choix d'un culte ou d'un autre revient à la libre appréciation de chacun.

Ses constitutions aussitôt promulguées sont très claires : « Un maçon est obligé, de par son titre, d'obéir à la loi morale ; et s'il comprend bien l'Art, il ne sera jamais athée stupide ni libertin irréligieux. De tous les hommes, il doit le mieux comprendre que Dieu voit autrement que l'homme ; car l'homme voit en apparence extérieure, alors que Dieu voit le cœur… Quelle que soit la religion d'un homme ou sa manière d'adorer, il n'est pas exclu de l'ordre pourvu qu'il croie au glorieux Architecte du ciel et de la terre et qu'il pratique les devoirs sacrés de la morale… »[4]

Les francs-maçons de la Grande Loge unie d'Angleterre deviennent ainsi les chantres de la pacification religieuse, très en

3. *Théisme : doctrine indépendante de toute religion positive qui admet l'existence d'un Dieu unique, personnel, distinct du monde mais exerçant une action sur lui.*
(Petit Robert)
4. Paul Naudon.

phase avec l'esprit de ce début de XIXe siècle. Désireux de poursuivre leur action, à savoir l'élévation morale, intellectuelle et spirituelle de l'homme, les frères travaillent alors à l'élaboration d'un rituel harmonisé qui servira de support. Cette tâche revient à la *Lodge of Reconciliation* et surtout à la *Emulation Lodge of Improvement* qui donnent naissance en 1823 au rite Émulation. Dès son apparition, ce dernier fait figure de référence en la matière.

Très vite, la réputation et l'influence de la Grande Loge unie d'Angleterre se répand dans tout le pays et bientôt dans le monde entier. Profitant de la position hégémonique de la Grande-Bretagne, les francs-maçons anglais exportent partout leurs principes et des loges sont créées sur tous les continents.

Évidemment insensible, puisque majoritairement anglicane, à la multiplication des condamnations de l'Église catholique, la franc-maçonnerie anglaise connaît donc une période de croissance inégalée. Son succès est tel que, à la fin du XXe siècle, la Grande Loge unie d'Angleterre rassemble sous son autorité quelque 650 000 frères réunis au sein d'un peu plus de 8 000 loges. Son rôle central au sein de cette franc-maçonnerie régulière est indéniable et, très vite, la Grande Loge unie d'Angleterre est considérée comme la Loge Mère du monde. Évidemment, cette appellation et ce statut sont contestables, pourtant une très grande partie des loges régulières la considère ainsi. L'hégémonie de la Grande Loge unie d'Angleterre est telle que cette dernière n'hésite pas à publier en 1929 les « principes de base » qui définissent les caractéristiques qu'une loge qui entend être reconnue par elle se doit de respecter.

La Grande Loge unie d'Angleterre règne donc sur la franc-maçonnerie régulière de la même façon que le Grand Orient de France fait figure d'étalon en terme de franc-maçonnerie libérale. Toutefois le traditionalisme de la Grande Loge unie d'Angleterre et son refus quasi implacable d'enregistrer tout changement posent aujourd'hui de nombreux problèmes. On le sait, la franc-maçonnerie anglo-saxonne se trouve de nos jours dans une situation difficile. En effet, bien que de nombreuses obédiences dites émergentes, comme celles que l'on voit se créer en Afrique ou en Asie, se rangent par besoin de reconnaissance sous la coupe de la Grande Loge unie d'Angleterre, le nombre des frères qui en dépendent est chaque jour moins important. Certes, elle a une valeur internationale d'étalon de régularité, même si cela est difficilement palpable en France où la franc-maçonnerie libérale est reine. Cependant, elle semble de moins en moins en adéquation avec l'esprit maçonnique actuel.

L'introduction de la franc-maçonnerie en France

On a souvent coutume de dire que l'introduction de la franc-maçonnerie dans l'Hexagone remonte à l'année 1688, date à laquelle le roi Jacques II déchu et les jacobites qui lui étaient restés fidèles sont venus se réfugier en France. L'histoire précise même que la première loge créée en territoire français serait le fruit de la volonté de maçons appartenant à un régiment royal irlandais basé à Saint-Germain-en-Laye. Pourtant, rien n'indique aujourd'hui que cette loge ait réellement existé. De toute façon, la question importe peu puisque ce n'est que dans les années 1720 que la confrérie enregistre un véritable essor et que le nombre de ses membres français devient assez significatif pour que l'on parle véritablement d'une franc-maçonnerie française.

De source sûre, on sait qu'en 1721 la loge Amitié et Fraternité fut fondée à Dunkerque par le duc de Montagu (grand maître de la Loge de Londres). En revanche, personne ne sait réellement où et quand eut lieu la création de la première loge parisienne ; toutefois on peut être sûr, puisqu'il en existe des traces, que la maçonnerie parisienne était bien réelle dès la fin des années 1720.

On sait également que les principaux introducteurs de la maçonnerie en France, à savoir les jacobites Charles Radcliffe, le comte Derwenwater, Jacques Hector Mc Leane, un certain d'Héguerty et le duc de Wharton, formèrent en 1728 une grande loge dont ce dernier fut aussitôt élu grand maître. Pourtant, cette nouvelle obédience, quoique régulière, n'obtint pas le succès escompté. D'abord elle mit un certain temps à réellement s'organiser. Il apparaît selon les écrits de l'époque qu'elle aurait été mise en sommeil quelque temps au début des années 1730. Mais surtout, le duc de Wharton, ancien grand maître de la Grande Loge de Londres, était un homme au passé sulfureux. Élu à la tête de la loge londonienne grâce à quelques intrigues dont il avait le secret, Wharton en fut presque aussitôt exclu. Aussi, malgré la régularité de son élection française, il se vit dans l'impossibilité de créer un quelconque lien avec les « autorités » anglaises. D'ailleurs, cette première obédience française ne prendra le nom de Grande Loge de France qu'en 1756.

Toutefois ces liens ô combien essentiels au développement de la franc-maçonnerie française existent bel et bien mais en aparté de la Grande Loge. En 1730, Montesquieu, philosophe français, véritable figure du siècle des lumières, fut initié à la *Horn Lodge* de Londres et bien que son œuvre ne contienne aucune allusion à la confrérie il n'en fut pas moins, en France en tout cas, l'un des plus grands diffuseurs de la pensée maçonnique. En 1736, après qu'une tenue mémorable eut lieu en l'hôtel de Bussy à l'initiative de la Grande Loge de Londres, cette dernière prit elle-même le taureau par les cornes et créa à Paris la loge Saint Thomas au Louis d'Argent, de la même manière qu'elle en créera une autre l'année suivante à Valenciennes.

Pour ce qui est de la province et ce malgré la création de quelques loges, comme celles de Bordeaux en 1732 ou de Valenciennes en 1737, la propagation de la franc-maçonnerie s'est faite bien plus tard qu'à Paris. À ce propos, il est important de préciser que celle-ci a d'abord conservé un caractère très discret jusqu'à ce qu'un petit fonctionnaire de police dénommé Hérault, pensant déjouer un complot, divulgue son existence. Mais à toute chose malheur est bon, et comme ce fut le cas en Angleterre quelques années auparavant, les torrents d'articles et de livres qui se déversèrent à ce propos sur le marché français eurent l'avantage, plutôt que de diaboliser la franc-maçonnerie, de lui assurer une large publicité.

À partir de cet instant, elle connut dans l'Hexagone un succès inouï. Il faut également préciser ici que l'état d'esprit de l'époque lui était également très favorable. Depuis quelques années couvait en France un vent de liberté motivé par la lassitude des Français vis-à-vis du despotisme et par les théories des Lumières.

Enfin, dès le début des années 1740, des loges se créèrent partout en province, sans que l'on ait pu garder la trace de leurs premiers pas.

L'introduction de la franc-maçonnerie en France paraît au premier coup d'œil pour le moins anarchique. Pourtant, loin d'être un handicap, cette multiplicité des sources maçonniques se révélera par la suite un bienfait. D'ailleurs, aussi étonnant que cela puisse paraître, malgré la diversité de ses sources, la franc-maçonnerie française jouit alors d'une uniformité obédientielle et rituelle assez désarmante. En traversant la Manche, la maçonnerie prônée par la Grande Loge de Londres n'a pas eu, semble-t-il, à subir les modifications auxquelles on aurait pu s'attendre.

En revanche, au contact des maçons français (rappelons à ce propos que le premier grand maître français, le duc d'Antin, a été élu à vie en 1738)[5], les rituels maçonniques ont subi d'importants changements.

Non seulement les cérémonies traditionnelles ont été largement enrichies mais surtout les traductions qui ont été faites à partir des constitutions anglaises ont été, sans vraiment modifier l'esprit de ces règles, pour le moins influencées par les us et coutumes en vigueur dans notre pays. En France, par exemple, la tolérance religieuse mise en place par la Grande Loge de Londres n'est pas vraiment de mise. On peut même dire que la franc-maçonnerie est de préférence, voire nécessairement, chrétienne. De la même

5. *C'est une particularité française; à l'étranger les grands maîtres sont élus pour un an.*

manière, la mixité sociale, qui fait la fierté des maçons anglais, est quelque peu oubliée dans l'Hexagone. Les maçons de petite condition sont plutôt mal acceptés au sein des loges, et si l'idée leur vient de créer une loge, ils n'obtiennent généralement pas la patente constitutive nécessaire à ce dessein. Pire, la France qui, on vient de le voir, ne faisait pas office d'étalon en matière de mixité sociale, peut même s'enorgueillir d'avoir créé le seul sous-grade maçonnique, à savoir les frères servants. Ceux-ci, issus de condition modeste, n'étaient admis en loge que pour y faire les basses besognes ménagères. Voilà, en quelques mots, les évolutions propres à la maçonnerie française de l'époque.

Alors comment, au vu de ces dispositions prises par les frères français, donner le moindre crédit à la théorie – il faut le dire largement battue en brèche depuis quelques années – selon laquelle les maçons auraient été à la base de la Révolution française ? Comment imaginer que des hommes capables de revenir sur leurs propres principes pour ne pas perdre leurs avantages auraient pu mettre en péril l'ordre social qui leur était si cher au nom d'une égalité qu'ils redoutaient tant ? Non, évidemment ils n'en ont rien fait. Tout juste peut-être ont-ils contribué par leur foi en la démocratie, ou du moins l'idée qu'on s'en faisait à l'époque, à susciter des envies de liberté et d'égalité chez leurs concitoyens, mais rien de plus. La mise en sommeil de toutes les loges françaises pendant la Terreur en est la meilleure preuve.

Oui, les libres penseurs, les philosophes et les révolutionnaires ont cru en la franc-maçonnerie mais celle-ci n'aura, en tout cas avant la Révolution, pas été à la hauteur des espérances que tant de gens avaient mis en elle. Heureusement, par la suite, les choses ont bien changé et, comme vous pourrez vous en rendre compte en découvrant l'histoire et les principes des grandes obédiences françaises, la franc-maçonnerie française a enfin pris son envol et a même par la suite acquis un rayonnement international.

■ Les rites

La dénomination de « rite » a été empruntée au langage religieux et définit le cérémonial maçonnique. Apparus avec les loges spéculatives, les rites ont été mis en place pour mettre un terme à l'anarchie qui commençait à envahir les pratiques de certaines loges. Il s'agit donc de la définition de l'ensemble des usages et de l'ordre dans lesquels ceux-ci doivent être exécutés au cours des différentes cérémonies. Inspirés par les traditions antiques ou opératives et par la Bible, les rites codifient tous les gestes, le langage, les attitudes, etc. Toutefois, malgré un idéal similaire, les francs-maçons respectent des rites différents. En fait, il existe de par le monde des dizaines de rites. Chaque loge pratique un seul et même rite tandis qu'une obédience peut en observer plusieurs.

L'initiation maçonnique n'a pour but que le développement spirituel de l'homme. En entrant dans le temple, l'impétrant s'apprête à recevoir la lumière et il ne lui reste qu'à déterminer quelle route il souhaite prendre pour parvenir à la connaissance, autrement dit quel rite il entend pratiquer pour y parvenir.

En effet l'impétrant, lorsqu'il montre le désir d'entrer en maçonnerie, se trouve face à un choix pour le moins cornélien, car il existe une multitude de rites et choisir celui qui convient le mieux est difficile. La raison de cette diversité est, qu'au XVIIIe siècle, de nombreuses dissensions sont apparues au sein de la franc-maçonnerie. Aussi pour assurer la survie de la confrérie, les francs-maçons décidèrent en ces temps troublés d'accepter au sein des obédiences le respect de rites différents.

Emprunté aux religions traditionnelles qui appellent ainsi leurs cérémoniaux, le rite fait partie intégrante de la tradition maçonnique. Par sa complexité et son caractère hermétique, il apparaît totalement obscur aux yeux du profane, et constitue de ce fait un des principaux secrets maçonniques. Les rites maçonniques sont composés de symboles, de mots, de gestes, de signes et d'attitudes qui donnent un caractère tout à fait spécifique aux différentes cérémonies qui rythment la vie de la loge. Chaque rite est imprégné d'une personnalité propre, chacun met en exergue ses propres forces mais aussi ses faiblesses.

Il est impossible ici de dresser une liste exhaustive des rites en vigueur ne serait-ce qu'en France. Aussi, à titre d'exemple, nous allons dans ce chapitre décrire les rites maçonniques les plus respectés en France, afin de donner une meilleure appréhension de ce qu'est un rite et des différences qui existent entre eux. Vous trouverez en fin d'ouvrage une liste assez complète des différents rites maçonniques pratiqués.

Les rites traditionnels

■ Le rite écossais ancien et accepté

Contrairement à ce qu'il laisse supposer, le rite écossais ancien et accepté n'est ni d'origine écossaise ni ancien. Cependant, on ne sait pas exactement s'il trouve son origine dans les instructions données peu avant sa mort par le roi Frédéric II à Berlin en 1786 ou si le R∴E∴A∴A∴, pour les intimes, a été créé entre 1733 et 1735 en Angleterre. Il est vrai qu'on y trouvait à l'époque des loges de *Scotch masons* («maçons écossais») et que les premiers maîtres écossais ont été recensés dans l'Hexagone en 1743. Pourtant rien n'indique précisément quelle est l'origine du rite. La seule certitude historique à ce propos est la tenue à Charleston aux États-Unis en 1801 d'un convent au cours duquel a été promulguée la déclaration de principe du R∴E∴A∴A∴. Quoi qu'il en soit, ce sont les partisans de la version américaine qui sont majoritaires, et ce sont bien les travaux effectués pendant les convents de Charleston et de Paris en 1804 qui servent encore aujourd'hui de catéchisme rituel. Le rite traverse l'Atlantique par l'intermédiaire de la Grande Loge symbolique écossaise et entre au G∴O∴D∴F∴ le 5 septembre 1804. Très vite le R∴E∴A∴A∴ connaît en France un succès fulgurant. Aujourd'hui, pratiqué à la

Grande Loge de France, la Grande Loge féminine de France et bien sûr au Grand Orient de France, le R∴E∴A∴A∴ est ni plus ni moins que le rite le plus pratiqué en France comme dans le monde.

Mais pourquoi se prétend-il écossais et ancien s'il n'en est rien ? Eh bien, cette dénomination n'a pour seul but que d'afficher les pratiques de ses membres. Le R∴E∴A∴A∴ est donc écossais puisqu'il ne veut en aucun cas être assimilé à la franc-maçonnerie anglo-saxonne et il est paradoxalement ancien puisqu'il ne se reconnaît pas non plus dans le libéralisme adopté par la frange continentale de la confrérie.

Les loges et obédiences qui le pratiquent sont chapeautées par les Suprêmes Conseils. Il en existe une quarantaine à travers le monde, eux-mêmes regroupés au sein d'une confédération internationale. À ce propos, il est amusant de noter que la création du Suprême Conseil d'Écosse n'intervient qu'en 1846, preuve s'il en faut que le rite n'a d'écossais que le nom.

Le rite écossais ancien et accepté reprend à son compte les vingt-cinq degrés du rite de perfection et en ajoute huit autres, portant ainsi à trente-trois le nombre de ses grades. Évidemment ce chiffre comprend les trois premiers degrés des loges bleues (apprenti, compagnon et maître). Les hauts grades du R∴E∴A∴A∴ évoluent au sein de six catégories : les loges de perfection, les chapitres, les aréopages, les souverains tribunaux, les consistoires et les Suprêmes Conseils (cf. annexes, « Échelle du rite écossais ancien et accepté »).

D'un point de vue méthodologique, rappelons que le rite organise la progression des frères selon des degrés qui sont gravis en fonction de l'avancée de chacun dans ses travaux maçonniques. Les frères du R∴E∴A∴A∴ travaillent selon les principes mis en place en 1801, en 1804 et modifiés en 1875 à Charleston, Paris et Lausanne. Ainsi, ils obéissent à certaines règles dont les principales sont : « La franc-maçonnerie proclame l'existence d'un principe créateur sous le nom de Grand Architecte de l'Univers. Elle n'impose aucune limite à la recherche de la vérité, et c'est pour garantir à tous cette liberté qu'elle exige de tous la tolérance. La franc-maçonnerie est donc ouverte aux hommes de toutes nationalités, de toutes races, de toutes croyances. Elle interdit dans ses ateliers toute discussion politique ou religieuse. Pour relever l'homme à ses propres yeux, pour le rendre digne de sa mission sur la terre, la maçonnerie pose le principe que le créateur suprême a donné à l'homme, comme bien le plus précieux, la liberté. La liberté, patrimoine de l'humanité tout entière, rayon d'en haut qu'aucun pouvoir n'a le droit d'éteindre ni d'amortir et qui est la source des sentiments d'honneur et de dignité. »[1]

■ Le rite écossais rectifié

En 1688, alors que l'Angleterre vient de tomber aux mains des orangistes, Jacques II Stuart parvient à rejoindre la France et s'installe à Saint-Germain-en-Laye. Il est bientôt rejoint par les jacobites, ses partisans, qui se regroupent alors au sein de la Société royale. Éloignés de leurs pays, ces jacobites sont très vite exclus des loges anglaises et, par réaction, appliquent en France leurs préceptes initiatiques. En 1756, près d'un siècle après la chute des Stuarts, les jacobites s'allient avec la Stricte Observance et contribuent ainsi au développement de la maçonnerie spéculative sur le territoire français. Les vingt années qui suivent voient la formation de quatre directoires écossais de la Stricte Observance, à Bordeaux, Lyon, Montpellier et Strasbourg. En 1778, Jean-Baptiste Willermoz réorganise le rite et crée à l'occasion du convent des Gaulles le rite écossais rectifié dont il codifie lui-même les rituels.

Plus qu'une simple réorganisation, l'action de Willermoz s'avère être une véritable révolution. Non seulement il fait accepter à cette occasion les nouveaux codes qui vont désormais régir le rite, mais surtout il transforme les hauts grades de l'obédience qui, rappelons-le, en comporte six. À partir de 1778, la hiérarchie du rite écossais rectifié est donc composée de « loges symboliques

1. *Déclaration de principes,* Convent international de Lausanne, 1875.

de saint Jean », au sein desquelles on retrouve les apprentis, compagnons et maîtres ; des « loges de saint André » où l'on trouve les « maîtres écossais » ; et enfin de l'« Ordre intérieur » avec les « écuyers novices » et les « chevaliers bienfaisants de la Cité sainte ». Le rite comporte donc six grades mais les deux derniers ne dépendent pas de l'obédience mais d'un prieuré.

Le R∴E∴R∴ impose à ses membres d'être fidèles à la sainte religion chrétienne, au souverain et aux lois de l'État. Il rejette toute idée de filiation avec les Templiers, tout en gardant certaines de leurs traditions. Tous les initiés doivent avoir un chapeau en loge, toutefois les apprentis et les compagnons ne doivent pas s'en couvrir mais le porter à la main. Les officiers sont en loge au nombre de neuf.

Le rite existe toujours de nos jours et n'a connu que très peu de modifications.

■ Le rite français

Créé en 1786 par le Grand Chapitre général de France, le rite français est né de la volonté des maçons français d'adapter à la culture et à l'esprit français des rituels d'origine anglo-saxonne. Malgré son nom et sa vocation à séduire un public maçonnique hexagonal, le rite français n'est pas, comme on pourrait le croire, le plus pratiqué dans notre pays : comme nous l'avons déjà vu, il est devancé en cela par le rite écossais ancien et accepté.

Le rite français, également appelé rite « moderne », « amiable », « 1785 », « 1801 » ou encore « Groussier », est pratiqué par différentes obédiences maçonniques dont la Loge nationale de France, l'omniprésent Grand Orient de France et, depuis 1978, par de nombreuses loges de la Grande Loge nationale française. Articulé autour de la symbolique rosicrucienne, le rite français est certainement le plus conforme à celui qui était originellement pratiqué en France par les premières loges spéculatives du XVIIIe siècle.

En effet, ce rite français correspond en tout point à celui décrit en 1785 par le *Régulateur maçonnique* finalement publié en 1801. Il se caractérise par la volonté des frères qui s'en réclament de n'avoir jamais cédé à aucune influence tendant à le modifier en quoi que ce soit. Comme l'affirme Roger Girard, l'homme qui introduisit en 1978 le rite français au sein de la GLNF (Grande Loge nationale de France), « la spécificité du rite français, c'est justement de ne pas en avoir ».

Le rite français est composé de sept degrés. Les trois premiers grades (apprenti, compagnon et maître), communs à toute la franc-maçonnerie, sont pratiqués dans les loges bleues. Les quatre suivants (élu, élu secret, chevalier d'Orient et chevalier rose-croix) sont eux pratiqués au sein du Grand Chapitre du rite français, en tout cas pour les obédiences régulières et du Grand Conseil des rites pour le GODF (Grand Orient de France).

Bien sûr le grade de chevalier rose-croix donne aux non-initiés l'idée que le rite français est un rite chrétien. Il l'est ou, en tout cas, il trouve ses bases dans la religion chrétienne. Cependant dans la mesure où il existe dans cette pratique une différenciation très marquée entre l'ésotérisme et l'exotérisme religieux, le rite français est aussi bien pratiqué par des loges régulières que par des obédiences adogmatiques.

■ Le rite Émulation

Créé en 1813, il est pratiqué par la Grande Loge unie d'Angleterre où il est majoritaire. Il est le fruit de la réconciliation des « anciens » et des « modernes » mise en œuvre justement par la *Emulation Lodge of Improvement*, dont il tire son nom. Il est introduit en France en 1925 par les frères Drabble, et est pratiqué presque exclusivement à la Grande Loge nationale de France et à la Grande Loge traditionnelle et symbolique Opéra.

La particularité du rite est l'oralité, dont le but est la parfaite assimilation du rituel. La tenue donne des airs d'office religieux.

Par ailleurs, afin de ne pas troubler l'harmonie de la loge, les dissensions ne sont jamais traitées au sein de l'atelier mais par un comité externe.

Le rite Émulation est un rite traditionnel composé des trois degrés des loges bleues, apprenti, compagnon et maître. Toutefois, il existe un degré supplémentaire au statut particulier. En effet, le « compagnon de l'Arche royale » n'est pas réellement considéré comme un haut grade ou un quatrième degré mais plus comme un simple complément à la maîtrise.

Les rites égyptiens

« Du haut de ces pyramides, quarante siècles nous contemplent. »
Général Napoléon Bonaparte, 21 juillet 1798

Malgré les apparences, les rites égyptiens ne sont pas des résurgences de pratiques religieuses datant de l'Égypte pharaonique, bien au contraire. Les rites égyptiens sont nés de l'imagination fertile et même comme on va le voir de la malhonnêteté de francs-maçons français alors que Napoléon menait encore campagne sur les rives du Nil.

Certes l'intérêt pour la culture traditionnelle égyptienne est très ancien, puisque déjà l'académie platonicienne de Florence connut le succès littéraire en publiant en 1450 son *Corpus Hermeticum* consacré aux écoles des mystères fondées par les Grecs à Alexandrie. Plus près de nous, l'égyptomanie gagna l'Europe grâce au mystère de ses hiéroglyphes. Athanasius Kircher fut le premier à s'y intéresser en publiant en 1652 *Oedipus Aegyptiacus*. Mais c'est au XVIIIe siècle que l'intérêt de la société européenne et *a fortiori* des francs-maçons pour la culture égyptienne prend son essor. À cette époque, l'Antiquité commence à prendre une part importante au sein du discours maçonnique notamment à travers les travaux du pasteur Anderson et du chevalier Ramsay.

Pourtant, c'est bien au XIXe siècle que l'Égypte et ses traditions deviennent les thèmes majeurs des francs-maçons. À cette époque, la campagne d'Égypte fait grand bruit et l'Europe entière ne parle que de cela. Nul ne sait encore quel sort les Anglais réservent aux troupes françaises mais tous se passionnent pour les aventures du jeune général et surtout pour les travaux des 167 membres de la commission des arts et des sciences qu'il a emmenés avec lui. Ceux-ci visitent, découvrent et surtout tentent de décrypter les mystères de l'Égypte des pharaons. Certains développent des trésors d'imagination pour transporter et rapporter dans l'Hexagone un obélisque ou la copie de ces mystérieux hiéroglyphes. Lorsque le capitaine Bouchard annonce avoir découvert à Rosette une stèle rédigée en trois langues (hiéroglyphes, démotique et grec), l'Europe entière retient son souffle, persuadée que cette pierre révélera les mystères liés à la religion des anciens d'Égypte, supposée être la religion naturelle de l'humanité. En d'autres termes, l'Égypte et les découvertes que les savants français y font sont alors sur toutes les lèvres et stimulent les imaginations.

L'influence de cette épopée est telle que l'on en trouve aujourd'hui encore les traces en de nombreux domaines. Ainsi, d'un point de vue artistique, l'Égypte antique devient source d'inspiration pour tous les arts. Le style Empire en est le meilleur exemple, on y trouve de multiples références à l'art égyptien : les sphinx, les hiéroglyphes et les têtes de chat fleurissent aussi bien dans l'architecture que dans la mode vestimentaire et décorative. L'Égypte est tellement présente que Napoléon lui-même n'hésite pas à faire de l'abeille pharaonique l'un de ses emblèmes personnels.

Il n'est pas étonnant alors que, vu l'influence qu'ont eue ces découvertes sur la société de l'époque, la franc-maçonnerie elle-même en fut profondément imprégnée. En effet, inspirées par l'enthousiasme généré par les découvertes des Bouchard et autre Champollion, les loges maçonniques, alors très mondaines, n'hésitent pas à céder à la mode et modifient en conséquence certaines de leurs traditions. Les religions et mystères venus d'Égypte laissent planer autour d'eux suffisamment d'interrogations pour que de multiples interprétations en découlent. De ces exégèses naissent de nombreux rites dont certains maçonniques. Ce sont les rites dits égyptiens de Memphis et de Misraïm dont, on va le voir, la création et l'existence n'ont finalement que peu de choses à voir avec le sincère engouement de l'époque.

■ Le rite de Misraïm

Le rite de Misraïm est né en 1805 à Milan au sein des loges militaires françaises en place dans la péninsule italienne à l'époque. On en doit la création à un officier des troupes impériales nommé Lechangeur. Déçu de ne pouvoir accéder aux hauts grades de son obédience, ce dernier décide pour y remédier de créer sur les bases d'un nouveau rite une maçonnerie essentiellement tournée vers les hauts grades. Le rite de Misraïm ne comporte pas moins de quatre-vingt-dix degrés, dont les trente-trois premiers sont évidemment calqués sur ceux des obédiences préexistantes. Ces degrés sont répartis en quatre entités distinctes : degrés symboliques, philosophiques, mystiques et cabalistiques.

Son introduction en France n'intervient qu'en 1813 à l'initiative des frères Bédarride, anciens officiers de l'armée impériale. Ces derniers en rédigent la constitution et le dotent d'une histoire pour le moins mystique. Dans la droite ligne de la pensée de l'époque qui veut que la religion égyptienne soit la religion naturelle de l'humanité, les frères Bédarride prétendent que le rite de Misraïm aurait été créé par Dieu lui-même. Pourtant, ce rite n'a d'égyptien que le nom (*Misraïm* signifie « Égypte » en hébreu) ; on n'y trouve que de rares allusions à l'Égypte antique. En revanche il est incontestablement bâti selon une structure purement cabalistique, ce qui devrait logiquement en faire un rite hébraïque.

Quoi qu'il en soit, le rite est porté en France par la « vague égyptienne » et ne tarde pas à rencontrer un succès tel que l'on voit même certaines loges s'implanter dans d'autres pays européens. Cependant, ce succès est de courte durée. En 1823, taxées par les Bourbons d'impérialistes en raison du passé de ses fondateurs, les loges qui en dépendent sont dissoutes. Malgré les démentis de ses grands maîtres qui arguent que la franc-maçonnerie refuse toute polémique politique, les forces publiques ne cèdent pas, et on ne peut que constater à la lecture des archives que ces dernières ont eu raison. En effet, les motivations plus que troubles des frères Bédarride conduisent le rite sur une pente glissante dangereuse. Très vite il se trouve infesté de conspirateurs républicains ne voyant en Misraïm qu'une couverture. De plus, le refus du grand maître, le maréchal Magnan, de l'intégrer dans le puissant et très officiel Grand Orient de France place le rite de Misraïm dans une situation d'isolement qui lui est fatale.

Le rite parvient tout de même à survivre un certain temps mais la Loge Mère Arc-en-Ciel, désormais seule à pratiquer le rite, s'éteint dans l'indifférence générale en 1899.

■ Le rite de Memphis

Le rite de Memphis, l'autre rite égyptien du paysage maçonnique français d'alors, naît en 1839. Son fondateur, un certain Jacques Étienne Marconis de Nègre, opère une synthèse entre les déçus du rite de Misraïm, les anciens de rites ésotériques ou orientaux et quelques frères travaillant au préalable au rite écossais ancien et accepté. Comme les frères Bédarride, Marconis voit en ce rite de Memphis une façon de s'enrichir pécuniairement plutôt que spirituellement. Il invente de toutes pièces un lien avec la parole de Dieu s'adressant supposément à Adam en ces termes : « Je te donne les outils symboliques : l'équerre, le compas… », mais à la différence des frères Bédarride il donne au rite une connotation plus égyptienne. Memphis est bien une ville égyptienne située sur le Nil (avant d'être la capitale américaine du rock and roll que l'on connaît mieux).

Comme son aîné, dont il partage certains principes comme celui de ne pas refuser la politisation, le rite de Memphis devient très vite un repaire d'activistes. Toutefois, le jeune rite ne doit pas cette fois faire face aux républicains mais aux nostalgiques de l'Empire, tout aussi conspirateurs il faut le dire. Ainsi gangrené, le rite de Memphis ne tarde pas à s'attirer les foudres du pouvoir. En 1841, suspecté d'extrémisme, il fait face à une première interdiction. Légalisé par la République de 1848, il reprend ses activités jusqu'au coup d'État qui voit Napoléon III s'emparer du pouvoir. À nouveau plongé dans l'illégalité, le rite de Memphis tente cette fois de survivre mais se trouve confronté au Grand Orient de France. Ce dernier use alors de toute son influence pour le faire interdire. Après avoir obtenu satisfaction en 1862, le GODF offre alors au rite de Memphis d'intégrer l'obédience et de figurer au grand collège des rites. Face à une de ces propositions que l'on ne refuse pas, Marconis cède et abandonne sa charge de grand hiérophante.

Le rite de Memphis disparaît définitivement lorsque ses membres adoptent le rite français au sein du Grand Orient de France.

■ Le rite ancien et primitif de Memphis-Misraïm

En 1908, les rites de Memphis et de Misraïm ou en tout cas leurs survivances, quelques loges administrées par le Grand Conseil des rites du Grand Orient de France, sont fusionnés à l'initiative du grand maître Giuseppe Garibaldi. De cette union, dont l'histoire est assez trouble, naît le rite ancien et primitif de Memphis-Misraïm qui est toujours pratiqué aujourd'hui par la Grande Loge traditionnelle de Memphis-Misraïm et par la Grande Loge féminine de Memphis-Misraïm.

À l'origine, Garibaldi, son fondateur, avait, comme c'était le cas au sein du rite de Memphis, fixé à quatre-vingt-quinze le nombre de degrés maçonniques. Aujourd'hui le nombre de ceux-ci a été porté à quatre-vingt-dix-neuf. Bien sûr les trente-trois premiers grades sont les mêmes que ceux du rite écossais ancien et accepté ; les soixante-six autres, eux, sont répartis en deux groupes distincts, les grades ésotériques d'abord et les administratifs par la suite. Toutefois, il faut préciser que cette importante échelle des grades est un moyen pour les frères de progresser de façon linéaire au sein de la confrérie sans connaître comme dans les autres obédiences une coupure entre les premiers et les hauts grades.

Le rite ancien et primitif de Memphis-Misraïm est fondé sur le dogmatisme religieux. Ainsi, les frères travaillent à la gloire du Grand Architecte de l'Univers. Ils attachent une valeur toute particulière à l'initiation, seule à pouvoir révéler les concepts symboliques et ésotériques propres à les conduire au perfectionnement spirituel. Ils respectent à la lettre la tradition transmise par l'ancienne Égypte et prônent l'égalité absolue entre les hommes et les femmes.

La pratique du rite ancien et primitif de Memphis-Misraïm a connu depuis sa création un engouement international, même si c'est en Europe, en Océanie et en Amérique du Sud qu'il est le plus présent.

■ Le symbolisme maçonnique : « langage immémorial s'adressant à l'intellect »

> « *Le symbole est situé entre la forme et l'être, entre l'expression et l'idée.* »
> R. Alleau, *De la nature des symboles*, Pont-Royal, 1964

Selon la croyance populaire, le symbolisme, quel qu'il soit, est perçu comme l'apprentissage d'une sorte de langage codé destiné à permettre à des initiés de communiquer et de se reconnaître de façon totalement hermétique pour le profane. Alors, quand on associe la notion de symbolisme à la franc-maçonnerie, société secrète la plus visible mais aussi la plus étudiée et la plus critiquée au monde, la rumeur atteint des sommets. Pourtant, le symbolisme en général et *a fortiori* celui utilisé dans les loges maçonniques sont à cent lieues d'être ce que l'on en dit.

D'un point de vue étymologique, le mot « symbole » trouve son origine dans la notion du *sumbolon* grec. Celui-ci désigne deux parties d'un objet brisé, de sorte que leur réunion en un assemblage parfait constituait une preuve de leur origine commune et donc un signe de reconnaissance très sûr. Le symbole, dans cette acception, rassemble donc ce qui est séparé pour accéder au vrai. De nos jours, la définition que l'on donne du symbole semble bien éloignée. Quoique ! Le *Petit Robert* dit ceci : « Objet ou fait naturel de caractère imagé qui évoque par sa forme ou sa nature une association d'idées spontanée avec quelque chose d'abstrait ou d'absent. »

Plus pratiquement, l'homme quel qu'il soit et quelle que soit sa culture a toujours eu recours au symbolisme. « Un symbole est un mot, un objet, une image ou un geste évoquant une idée ou une

Le symbolisme maçonnique : « langage immémorial s'adressant à l'intellect »

réalité demeurée invisible et difficilement exprimable et qui donne lieu à un travail d'interprétation».[1] Autrement dit, les symboles sont de simples images ou objets qui renvoient à une réalité différente, souvent abstraite. Il s'agit d'un langage imagé, celui-là même que chacun utilise quotidiennement. Qui en France ne se sert pas du monde animal pour s'exprimer de manière symbolique ? L'âne n'est-il pas le symbole de la bêtise, de la même manière que le rat représente l'avarice ou la colombe la paix ?

Mais attention, il ne faut pas confondre symbole et allégorie. Dans le cas de cette dernière, il s'agit d'une association d'éléments qui sont tous figés. Un certain nombre de sites Internet consacrés à la franc-maçonnerie et à sa symbolique prennent pour différencier l'allégorie de la symbolique l'exemple très parlant de l'image de la justice. Tout le monde a déjà vu cette représentation d'une femme aux yeux bandés tenant d'une main un glaive et de l'autre une balance. Eh bien, d'un point de vue allégorique, le glaive sert à trancher, à prendre les décisions, la balance à peser les arguments, le pour et le contre, et le bandeau signifie l'impartialité de la justice. Rien n'est plus clair. En revanche, si on aborde la même image d'un point de vue symbolique, les interprétations peuvent être bien différentes. Ici, la parole est donnée à l'interprétation de l'homme. En fonction de son tempérament, de ses sentiments, une personne confrontée à un symbole peut l'interpréter différemment de son voisin et même lui donner une autre interprétation un autre jour. Ainsi on peut très bien voir dans le glaive de la justice la punition encourue et dans la balance l'instrument qui sert à déterminer le poids de la peine.

C'est pourquoi il ne faut pas taxer le symbole et son utilisation d'hermétisme car il n'en est rien. Il s'agit au contraire d'une méthode destinée à aider l'homme à confronter à une simple image un faisceau d'interprétations. Évidemment l'objectif est de trouver la bonne tout en gardant à l'esprit que le cheminement qui mène vers ce but contribue à en fixer le sens. Il s'agit bien d'une méthode initiatique, qui n'a toutefois de sens que si l'on

1. *Philippe Benhamou, La Franc-maçonnerie pour les nuls, First, 2006.*

accepte qu'elle est avant tout intuitive. En ce sens, Paul Naudon définissait le symbolisme par ces mots : « Ce langage traditionnel, immémorial et universel permet d'établir, au travers du temps et de l'espace, la relation adéquate entre le signe et les idées. La plasticité des symboles épouse chaque aspect de l'évolution et pallie cette impossibilité qu'a le langage d'exprimer la totalité de l'objet. L'illumination que provoquent les symboles permet à la fois de saisir les différents points de vue et de les unifier en décelant l'unité qui les transcende et en faisant passer du connu à l'inconnu, du visible à l'invisible, du fini à l'infini. »

■ Qu'est-ce qu'une obédience ?

« Si tu es différent de moi, frère, loin de me léser, tu m'enrichis. »
Saint-Exupéry

Il est difficile pour les profanes d'appréhender la notion d'obédience, puisque le seul fait d'appartenir à la franc-maçonnerie semble déjà constituer une adhésion à certaines valeurs et que l'image d'universalisme véhiculée par les frères paraît interdire toute divergence au sein de la confrérie. D'ailleurs, le mot « obédience », dérivé du latin *obedire*, « obéir », évoque la soumission à une autorité qui semble tout naturellement unique. Pourtant, il n'en est rien et la pluralité se révèle être une spécificité maçonnique. En effet, en précisant que les obédiences sont des « fédérations de loges reconnaissant une administration et une organisation nationale commune », le *Dictionnaire* de Roger Richard (éditions Dervy) admet à l'évidence que ces mêmes loges ont le choix entre différentes obédiences. Plus troublant encore : traditionnellement, l'obédience ne fait absolument pas autorité en termes d'initiation, de symbolique et de travaux dont le choix et la pratique restent entièrement à l'appréciation des loges elles-mêmes. Aussi, face à cette notion pour le moins complexe, il semble important ici de préciser ce qu'est véritablement une obédience, quel est son rôle et bien sûr pourquoi et en quoi elles diffèrent.

D'un point de vue purement technique, les obédiences sont donc de simples organes administratifs qui réunissent sous leur autorité les loges qui le demandent ou en émanent. Plus concrètement, les obédiences érigent les règles qui régissent les loges, elles choisissent les rites qu'elles pratiquent, promulguent les autorisations qui permettent à une loge de se créer en leur sein respectif et jugent même les maçons qu'elles estiment indignes de conserver leur statut au sein de la confrérie selon qu'ils ont enfreint les règles ou adopté des comportements ou des positions contraires à ceux de l'obédience.

À la vue de ces prérogatives qui incombent aux obédiences, on pourrait penser que ce sont donc elles qui créent les rites, mais ce n'est pas le cas. Non seulement les obédiences adoptent pour la plupart des rites existants mais, plus déroutant encore, certaines d'entre elles administrent en leur sein des loges respectant des rites différents. Bien sûr, il peut paraître étonnant de constater les divisions, pour ne pas dire les dissensions, qui existent entre ces frères maçons qui pourtant prônent l'universalité de leurs valeurs. Vus de l'extérieur, de tels principes devraient logiquement entraîner l'existence d'un organe unique à même de regrouper, de diriger et de guider le monde maçonnique. Mais il n'en est rien. Cette vision profane qui conduit souvent les détracteurs de la franc-maçonnerie à imaginer l'existence d'un «gouvernement mondial» organisateur du fameux «complot maçonnique» montre combien l'action et le travail des francs-maçons sont mal compris par ceux qui y sont étrangers.

Certes, les maçons défendent des valeurs qu'ils veulent universelles, mais cela n'induit absolument pas qu'ils doivent pour y travailler adopter les mêmes méthodes. Aussi n'est-il pas étonnant de constater que la franc-maçonnerie est riche de nombreux rituels[1], et cette multiplicité est à n'en point douter une manifestation de la vitalité de la franc-maçonnerie. En effet, comment douter de la motivation des francs-maçons à défendre leurs principes au vu de ces particularités ?

Bien sûr, l'existence de ces nombreux rites et obédiences est intimement liée aux nombreux conflits qui ont émaillé l'histoire de la confrérie, aussi pour comprendre plus profondément la notion d'obédience, un bref retour en arrière s'impose.

Il est incontestable que les aléas politiques et religieux des pays dans lesquels se sont installées les obédiences maçonniques ont considérablement influencé l'histoire de la franc-maçonnerie. En

---

1. *Voir, du même auteur, Le Symbolisme de la franc-maçonnerie française*, Éditions De Vecchi, 2006.

effet, au fil des diverses fortunes de l'histoire, de nombreux clivages sont apparus au sein de la confrérie et les loges préexistantes se sont donc pour la plupart regroupées en deux obédiences principales en fonction de leurs affinités et de leur respect commun de principes fondamentaux: la maçonnerie dite régulière, de tradition anglo-saxonne, essentiellement désignée par le terme d'«anciens» d'une part, et celle que l'on pourrait qualifier de continentale, de libérale ou de moderne de l'autre. La première demeure encore aujourd'hui le courant le plus important puisqu'elle ne recense pas moins de 90 % des maçons dans le monde, tandis que la seconde, bien que nettement minoritaire, trouve un large écho dans certains pays comme la France et la Belgique et se présente dans le reste du monde comme un élément porteur du renouveau maçonnique alors que l'Association est en proie depuis plusieurs années à une crise des vocations. Cette dernière se distingue notamment par ses prises de position en faveur de l'entrée des femmes en maçonnerie. Ce débat sur l'ouverture de la franc-maçonnerie à la gent féminine demeure aujourd'hui encore très animé tant il est contradictoire avec l'idéal d'universalité de la confrérie. Bien entendu, les *Constitutions* d'Anderson précisent que les loges sont exclusivement réservées aux «hommes libres», mais ce n'est que le reflet des us et coutumes de son époque et il peut paraître étonnant que la question n'ait toujours pas été tranchée depuis.

Les divergences entre les deux groupes ne sont bien sûr pas uniquement formalistes et traditionnelles. Les différences apparues au sein de la confrérie ont un impact indéniable sur les travaux réalisés par les obédiences. Tandis que les anciens se targuent d'un traditionalisme et d'un déisme sans faille, les modernes, eux, affichent un scepticisme souvent source de progrès. Ainsi, pendant que les loges d'obédience anglo-saxonne apportaient un soutien sans réserve aux grandes dynasties européennes, la franc-maçonnerie d'obédience continentale, elle, apportait son appui – pour ne pas dire qu'elle participait fortement – aux grandes avancées du XVIIIe siècle: les Lumières et la Révolution française.

Si le schisme semble ne pas avoir eu de conséquences, ce n'est qu'une apparence. Pendant de longues années, la «guerre» a fait rage au sein de la franc-maçonnerie. Mais il est vrai que, depuis le XIXe siècle, de nombreux accords de reconnaissance mutuelle ont été mis en place à l'échelle mondiale.

Aujourd'hui donc, une grande majorité des francs-maçons reconnaissent comme «frères» des maçons appartenant à d'autres obédiences. Aussi est-il devenu habituel, lorsque deux maçons se rencontrent, qu'ils cherchent à savoir à quelles obédiences ils appartiennent, quels rites ils respectent et enfin où se trouvent leurs loges.

Par ailleurs, le vocabulaire maçonnique s'est également adapté à la nouvelle donne obédientielle. Ainsi, on distingue par leurs dénominations deux types d'obédiences différentes. Il n'est pas question ici d'anciens ou de modernes, il s'agit de différencier les obédiences monorituelles de celles qui acceptent la présence en leur sein de loges respectant des rites différents. Ainsi, les obédiences dont toutes les loges pratiquent le même rite sont appelées Grande Loge tandis que celles qui tolèrent des rites différents sont qualifiées de Grand Orient.

On le voit, il existe au sein de la franc-maçonnerie des obédiences variées et aujourd'hui, loin d'être une source de conflit, cette variété se révèle être un avantage. Elle permet à chacun de trouver un mode de travail adapté à ses aspirations sans pour autant s'éloigner des idéaux maçonniques communs à toutes les obédiences. La diversité est bien une richesse.

■ La franc-maçonnerie française

La France, en termes de franc-maçonnerie, fait figure de cas presque particulier, bien que la Belgique et le Canada en soient assez proches. Dans l'Hexagone, les obédiences maçonniques sont tellement nombreuses qu'il demeure pratiquement impossible d'en dresser une liste exhaustive. Toutefois, une dizaine d'entre elles sortent du lot d'une façon ou d'une autre. À vrai dire, il n'existe que deux raisons pour qu'une obédience se démarque des autres : son importance effective, c'est-à-dire le nombre de ses adhérents ou son importance qualitative, l'orthodoxie de sa constitution, des rites qu'elle pratique, et la qualité des travaux qui en émanent. Il faut noter toutefois que fréquemment se cachent, derrière une appellation emphatique, des parutions apparemment savantes ou des sites Internet ronflants, d'insignifiantes obédiences sans fondement, sans objectifs, voire sans reconnaissance.

Malgré tout, il ne faut pas s'arrêter à ces quelques cas particuliers. En effet, si la franc-maçonnerie française compte autant d'obédiences, loin d'être un défaut c'est une force. Il s'agit ni plus ni moins de la preuve du caractère particulièrement dynamique de ce qu'il convient d'appeler le « paysage maçonnique français ».

Oubliées les années noires de la guerre durant lesquelles le régime de Vichy chassait et livrait les frères aux tortionnaires nazis. Aujourd'hui, la franc-maçonnerie française vit des heures particulièrement fastes comme elle en a déjà connu du temps des Lumières et du premier Empire. Jamais la confrérie n'a compté autant de membres. Mieux, leur nombre ne cesse de croître, faisant encore une fois de la France un cas particulier.

En effet, paradoxalement, le nombre de francs-maçons dans le monde est en régression constante. Toutefois, la franc-maçonnerie n'est pas à proprement parler en crise. Seules les obédiences dites anglo-saxonnes ou régulières sont confrontées à ce problème. La franc-maçonnerie continentale, dont le Grand Orient de France est internationalement reconnu comme le fer de lance, est elle en plein essor. Essentiellement grâce à cette dernière obédience, la maçonnerie française a connu ces trente dernières années un taux de croissance étonnant (3 à 4 % par an).

La franc-maçonnerie française recense aujourd'hui environ 120 000 maçons (dont 90 000 frères et un peu moins de 30 000 sœurs), répartis au sein de la dizaine d'obédiences principales précédemment évoquées. Fidèles à leurs principes, les frères et sœurs de France défendent l'universalité qui est une des pierres angulaires de leurs valeurs. Aussi, loin de se contenter d'être les acteurs de la franc-maçonnerie nationale la plus dynamique du monde, ils participent grandement à la diffusion des idées maçonniques sur le plan mondial en assurant notamment la création ou parfois même le réveil de nombreuses loges dans le monde entier et particulièrement en Afrique et en Europe de l'Est.

Plutôt que de dresser un portrait générique de la franc-maçonnerie française, il nous est apparu plus représentatif d'exposer ici les principales obédiences françaises, leur histoire et leurs spécificités. Aussi vous trouverez ci-après une rapide présentation de ces grandes loges ou orients dont les noms se ressemblent étrangement alors qu'elles sont en fin de compte extrêmement différentes. Celles-ci sont réparties en fonction de leur caractère régulier ou non régulier (cf. chapitre « Qu'est-ce qu'une obédience ? »).

Le Droit humain

« Si il est vrai que ce sont les Anglais qui ont porté la Maçonnerie à la France, ce sont les Français, aujourd'hui, qui la rapportent, régénérée, à l'Angleterre, complétée et fortifiée par l'admission de la femme dans la loge à côté de l'homme. »
Annie Bessant, féministe anglaise membre du Droit humain

La fin du XVIIIe siècle, temps de la Révolution française, fut on le sait un terrain propice à la défense des droits de l'homme et au refus de tout dogmatisme notamment religieux ou politique.

Le XIXe siècle, quant à lui, sans jamais oublier l'esprit qui anima le précédent, se consacra plus précisément à la libération de la femme et à la conquête de l'égalité entre les sexes. Dans cet esprit, Maria Deraismes, journaliste et féministe, et le sénateur Georges Martin créèrent l'Ordre maçonnique mixte international du Droit humain, bousculant à la fois l'ordre social et les traditions maçonniques.

Ce qui deviendra par la suite une des plus grandes victoires de la cause féministe naquit une fois de plus au sein des loges maçonniques. En 1881, la loge des «libres penseurs» (Le Pecq, Yvelines) se voit refuser par la Grande Loge symbolique écossaise le droit d'initier des femmes. Dès le début de l'année suivante, le divorce entre la loge et son obédience est consommé, et le 14 janvier 1882, Maria Deraismes devient la première femme initiée.

Par cet acte fort, la loge des «libres penseurs» donne donc naissance à un nouveau courant maçonnique. Onze ans plus tard, Maria Deraismes, associée à Georges Martin, fonde la première loge mixte, libre de toute obédience, la grande loge symbolique écossaise «le Droit humain». De cette structure, pionnière en termes d'initiation féminine, naît le 4 avril 1893 l'Ordre maçonnique mixte international du «Droit humain».

Le Droit humain est, selon sa déclaration de principes, «une institution initiatique, philosophique et philanthropique qui se donne pour mission d'œuvrer au progrès de l'humanité». Pour y parvenir, ses membres travaillent à leur propre perfectionnement moral et intellectuel. Refusant selon les idées de l'époque tout dogmatisme religieux, politique ou même philosophique, ils fondent leurs travaux sur une morale laïque garantissant aux frères une totale liberté de conscience et de pensée. Plus encore, le Droit humain prône la tolérance mutuelle, condition *sine qua non* de l'universalité défendue par les frères. Il se veut également international. L'obédience est fondée sur la volonté de ses membres d'unir les hommes et cela sans distinction d'origine religieuse, culturelle, sexiste, nationale ou même ethnique.

Ainsi, le Droit humain est aujourd'hui une obédience mixte internationale. Essentiellement présente dans les pays francophones et anglo-saxons, elle possède cependant des antennes dans la majeure partie des pays des cinq continents et compte aujourd'hui environ 30 000 membres à travers le monde. Les loges travaillent dans leurs propres langues même s'il existe trois langues officielles : le français, l'espagnol et l'anglais. Supervisées par un Suprême Conseil élu tous les cinq ans, les obédiences nationales sont définies en fonction du nombre de membres qu'elles recensent. Ainsi, on trouve dans les pays où le développement du Droit humain n'est encore qu'embryonnaire des « loges premières ». Les pays qui comptent un petit nombre de frères voient ceux-ci regroupés au sein d'une juridiction ; les grandes confréries nationales sont, elles, dirigées par des fédérations. C'est le cas de la France, qui recense à peu près 14 000 membres répartis au sein de 500 loges environ. Comme dans le reste du monde, les frères français de l'Ordre maçonnique mixte international du Droit humain pratiquent le rite écossais ancien et accepté du premier au trente-troisième degré. Aussi, malgré leur refus de tout dogmatisme en particulier religieux, les membres du Droit humain travaillent en majorité à la gloire du Grand Architecte de l'Univers et/ou au progrès de l'humanité.

La Grande Loge nationale de France

Née en 1913 de l'autoproclamation en obédience de la loge « le Centre des Amis » anciennement affiliée au Grand Orient de France, la Grande Loge nationale de France est à la fois l'une des plus jeunes obédiences hexagonales et l'une des plus importantes.

À l'origine de cette obédience d'abord appelée « Grande Loge nationale indépendante et régulière pour la France et ses colonies », on trouve un groupe de maçons du Grand Orient de France désireux de rétablir la pratique du rite écossais rectifié en France, remis au goût du jour par l'action du Grand Prieuré d'Helvétie. Dans les premiers temps, rien ne s'oppose à ce que les membres de la loge du Centre des Amis nouvellement créée continuent à évoluer dans le giron du Grand Orient, jusqu'au moment où celui-ci refuse le dogmatisme religieux et s'oppose en 1913 à toute référence faite au Grand Architecte de l'Univers. Dès lors, le schisme est inévitable. La loge du Centre des Amis prend son indépendance vis-à-vis du GODF et demande aussitôt à être reconnue par la Grande Loge unie d'Angleterre, seule obédience régulière valable à ses yeux. Une fois cette reconnaissance obtenue, la Grande Loge nationale indépendante et régulière pour la France et ses colonies recense quelques adhésions de poids. Ainsi, la loge «anglaise 204» et la loge «anglaise» de Bordeaux rejoignent les rangs de la nouvelle obédience qui voit le nombre de ses adhérents augmenter de jour en jour. En 1939, l'obédience compte plus d'une trentaine d'ateliers dans l'Hexagone et, malgré les exactions menées par les nazis pendant la Seconde Guerre mondiale, le nombre de ses effectifs ne cesse de croître jusqu'aux années 1960.

En effet, cette époque marque un tournant pour la jeune obédience appelée Grande Loge nationale de France après la fin de la guerre (1948). Depuis quelques années, l'influence de la Grande Loge unie d'Angleterre se fait de plus en plus forte. Face à ce que beaucoup considèrent comme une menace, une grande partie des grands officiers maçonniques et de nombreuses loges dont celle du Centre des Amis, la fondatrice, font scission et fondent en 1958 la «Grande Loge traditionnelle et symbolique Opéra» ou encore la «Loge nationale française» pour conserver le droit d'entretenir avec les autres obédiences les relations amicales et productives qu'elles avaient nouées. Quelques années plus tard, la pression exercée par la Grande Loge unie d'Angleterre s'intensifie et nombre des loges qui avaient fait scission font machine arrière et retournent dans le giron de la GLNF afin de retrouver la reconnaissance internationale dont elles avaient été privées. Cette nouvelle concentration de loges impose alors à la GLNF d'accepter en son sein des loges pratiquant le rite écossais ancien et accepté, jusqu'alors étranger à l'obédience. D'ailleurs, alors que la GLNF pratiquait traditionnellement le rite écossais rectifié, le rite Emulation et le rite français, c'est maintenant le rite écossais ancien et rectifié qui est majoritaire au sein de l'obédience. Ce phénomène s'est encore renforcé en 2000 lorsque le Prieuré des Gaulles, organe en charge de la gestion du rite écossais rectifié, ulcéré par la mainmise de la loge londonienne et par les affaires qui sont venues entacher l'image des francs-maçons et de l'obédience ces dernières années, a quitté la GLNF pour à son tour devenir un organe indépendant.

Aujourd'hui, la Grande Loge nationale française revendique environ 30 000 membres exclusivement masculins. Elle est la seule obédience hexagonale reconnue par la Grande Loge unie d'Angleterre, également appelée Loge Mère du monde. Pour cela, la GLNF et ses membres observent à la lettre les douze règles édictées par la Loge Mère dont les principaux thèmes sont le respect des *Landmarks* (anciens devoirs consacrés par une règle en huit points établie en 1929), du symbolisme maçonnique, des opinions et des croyances de chacun (interdiction de toute polémique politique ou religieuse).

Bien sûr, ces règles maçonniques sont assez communes et respectées par une grande part des francs-maçons de la planète toutes obédiences confondues. Toutefois, la GLNF se distingue par deux règles essentielles: primo, la reconnaissance d'un Dieu révélé (juif, catholique ou musulman) créateur de l'Univers, appelé en maçonnerie le Grand Architecte de l'Univers, ce qui l'oppose notamment au Grand Orient de France, et secundo le refus catégorique d'entretenir un quelconque lien avec les obédiences dites non régulières.

Malgré sa régularité affichée, la Grande Loge nationale Française fait dans le paysage maçonnique hexagonal figure d'exception. En effet, son refus de reconnaître les autres obédiences nationales, jugées plus libérales et donc plus conformes aux aspirations françaises, cumulé avec les scandales qui sont venus entacher dernièrement sa réputation, auraient normalement dû porter un coup fatal à la jeune obédience. Pourtant, il n'en est rien; la GLNF a connu depuis les années 1960 un développement quasi exponentiel, devenant même, derrière le Grand Orient de France, la seconde obédience nationale. Le fait d'être le seul organe maçonnique national à être reconnu par les francs-maçons anglo-saxons, on le sait largement majoritaires dans le monde, est certainement la principale raison de son essor en ce début de XXIe siècle où la mondialisation semble être le maître mot.

La Grande Loge traditionnelle et symbolique Opéra

Comme on l'a vu précédemment, l'histoire de la Grande Loge traditionnelle et symbolique Opéra se confond avec celle de la Grande Loge nationale de France. La GLTSO est une toute jeune obédience régulière, traditionnelle et symbolique.

En 1958 ses membres, et en particulier les membres de la loge des Philadelphes et ceux de la loge du Centre des Amis (fondatrice de la GLNF), se heurtent à l'insupportable mainmise de la Grande Loge unie d'Angleterre sur leurs travaux. En effet, cette dernière impose à la GLNF, dont seul un quart des effectifs est français, une discipline de fer et empêche notamment toutes relations entre ses membres et les frères des autres obédiences hexagonales. Aussi cette année-là, les deux loges précitées accompagnées d'une trentaine de grands officiers quittent la GLNF pour fuir l'influence britannique et se rapprocher de leurs frères français. Ils créent la « Grande Loge nationale française Opéra » parce que située à l'époque dans le quartier du même nom.

Aussitôt, la nouvelle obédience adopte le rite écossais rectifié, remet au goût du jour la tradition maçonnique ancienne et surtout renoue les liens avec les autres obédiences françaises, régulières ou non. En 1982, la Grande Loge nationale française Opéra change de nom pour s'appeler « Grande Loge traditionnelle et symbolique Opéra » afin de mieux signifier au monde extérieur ses principes fondamentaux et surtout pour mieux se démarquer de la GLNF avec laquelle elle n'a plus de rapports.

Aujourd'hui, la GLTSO compte environ 3 500 membres regroupés en quelque 170 loges situées essentiellement en France métropolitaine mais aussi dans les DOM-TOM plus quelques-unes à l'étranger. La GLTSO respecte majoritairement le rite écossais rectifié mais accepte en son sein l'ensemble des autres rites existants sur le territoire. Elle est exclusivement masculine, travaille à la gloire du Grand Architecte de l'Univers et refuse toute controverse politique, culturelle ou religieuse en ses murs. Toutefois elle oppose un refus catégorique, et c'est une spécificité, à l'admission en son sein de toute personne suspectée d'extrémisme.

Très discrète, la Grande Loge traditionnelle et symbolique Opéra en revanche ne manque pas de s'inscrire par l'intermédiaire de ses membres dans un grand nombre d'œuvres humanitaires. De plus, son attachement à l'échange entre les obédiences l'a tout naturellement associée à la Grande Loge de France pour créer le premier organe maçonnique européen: la Confédération des Grandes Loges unies d'Europe.

La Grande Loge de France

La Grande Loge de France n'est autre que la plus vieille obédience française. Régulière, traditionnelle et symbolique, la Grande Loge de France est historiquement liée au rite écossais ancien et accepté et bien sûr au Suprême Conseil de France qui préside aux destinées de ce dernier.

C'est en 1732 que se crée en France la première loge française. Certes, quelques loges anglaises œuvraient déjà dans l'Hexagone depuis quelques années, mais c'est la première fois qu'une loge se crée par la volonté d'impétrants français. Bien sûr, la Grande Loge de Londres tente de garder la mainmise sur cette nouvelle antenne en nommant dans un premier temps un grand maître anglais à sa tête. En fait, il faudra attendre 1738 pour qu'un Français soit enfin investi du rôle de grand maître maçon. Il s'agit du duc d'Antin. Le XVIIIe siècle constitue, on le sait, un terreau formidable pour la franc-maçonnerie. Les frères sont chaque jour plus nombreux et ce n'est pas vraiment une surprise de constater qu'en 1770 la Grande Loge de France recense déjà plusieurs dizaines de milliers de maçons répartis au sein de 250 loges environ.

Toutefois, en 1773, la Grande Loge de France connaît sa première crise. Une partie de ses membres, désireux d'évoluer dans une obédience adogmatique et démocratique, font scission et s'en vont créer le Grand Orient de France.

En 1799, une fois les troubles de la Révolution passés, les deux loges sont incitées à fusionner mais cette entreprise se révèle être un échec. Pire encore, la tentative provoque une nouvelle hémorragie au sein de la Grande Loge de France, qui voit certaines de ses loges reprendre leur liberté, et aboutit à la création de la Loge Mère écossaise de France.

Il existe donc désormais deux obédiences françaises et un courant de moindre importance qui pourtant travaillent tous selon le rite écossais ancien et accepté. D'ailleurs, cette pratique rituelle commune devient très vite déterminante pour la franc-maçonnerie française. En août 1804, une réunion de maçons de divers horizons crée le Suprême Conseil de France du R∴E∴A∴A∴, destiné à avoir juridiction sur les hauts grades (du quatrième au trente-troisième degré). Plus définitif encore, pour ce qui concerne la survie de la Grande Loge de France, Napoléon Bonaparte, tout juste proclamé empereur, exige des francs-maçons, dont il est par ailleurs très proche, de n'avoir plus qu'une seule obédience. C'est le Grand Orient qui est choisi. Il va désormais présider aux destinées des trois premiers grades des loges bleues[1] tandis que le Suprême Conseil poursuivra son action auprès des hauts grades maçonniques.

Cette situation n'est pas faite pour durer et, à la chute de l'Empereur, la donne change très vite. De nombreuses loges quittent le Grand Orient et on voit même la création de loges hors de toute obédience. À l'époque, seul le R∴E∴A∴A∴ est pratiqué en

[1]. *Voir* Le Symbolisme de la franc-maçonnerie française, *op. cit.*

France, aussi toutes ces loges devenues ou nées irrégulières se rangent sous la coupe du Suprême Conseil, mais la situation demeure pour le moins étrange. Il n'y a pas de réelle scission au sein de la franc-maçonnerie française qui, malgré les schismes et les querelles de clocher, reste unie par la force des relations fraternelles.

En fait, il faut attendre 1877 pour voir les choses évoluer. Le Grand Orient, toujours en quête d'une ligne adogmatique cohérente, franchit un premier palier en ce sens en autorisant les loges qui le désirent à abandonner l'invocation traditionnelle au Grand Architecte de l'Univers. Cette nouvelle position sème le trouble au sein de la franc-maçonnerie. Le Suprême Conseil devient donc contre son gré le pôle maçonnique opposé au Grand Orient. Toutefois les deux entités respectent et régissent conjointement deux parties du même rite (premiers et hauts grades). Voilà pourquoi le Suprême Conseil devient, en 1894, l'instigateur de la renaissance de la Grande Loge de France.

Ainsi, quatre-vingt-dix ans après son interdiction, la Grande Loge de France renaît de ses cendres et devient aussitôt la seule à avoir autorité sur les premiers grades maçonniques.

Aujourd'hui, la Grande Loge de France est, en termes d'effectifs, la troisième obédience maçonnique française. Elle recense environ 27 000 membres répartis au sein de 750 loges. Les frères de la GLF travaillent à la gloire du Grand Architecte de l'Univers. Elle n'impose pas réellement la croyance en un Dieu révélé mais juste en un principe créateur de l'univers. Comme la plupart des autres obédiences, la GLF refuse toute controverse politique ou religieuse même si elle autorise en son sein que des planches soient rédigées sur ces sujets à titre exclusivement instructif. La GLF et ses membres respectent les *Landmarks*.

La Grande Loge féminine de France

La Grande Loge féminine de France est à ce jour la plus vieille obédience féminine de l'Hexagone. Exclusivement réservée aux femmes, elle n'accepte pas de loges mixtes, mais admet cependant les visites des frères de toutes obédiences.

Depuis sa création, la franc-maçonnerie était traditionnellement réservée aux hommes. Pourtant, au début du XXe siècle, la donne sociale a terriblement changé et les impétrantes commencent à se faire de plus en plus nombreuses. Encouragées par l'exemple de Marie Deraismes, les femmes de maçons commencent alors à exercer une pression sur leurs époux qui ne sera pas sans conséquences. En 1901, la première loge d'adoption se crée au sein de la Grande Loge de France. Il s'agit alors d'une simple loge mixte évidemment placée sous la coupe d'une loge masculine. Pour elle, les frères créent de toutes pièces un rituel spécifique, le « rituel des dames rénové ». Cette avancée, quoique spectaculaire et très suivie, prélude à la création de nombreuses loges d'adoption, pourtant la situation des femmes en maçonnerie ne semble pas devoir évoluer. En fait, il faut attendre 1935 pour observer une nouvelle avancée en la matière. Cette année-là, la Grande Loge de France donne alors à l'ensemble des loges féminines la possibilité de prendre leur autonomie en créant un « grand secrétariat » propre à veiller sur leur bon fonctionnement.

Interdit pendant la Seconde Guerre mondiale au même titre que les autres obédiences maçonniques, le Grand Secrétariat des loges maçonniques féminines se reconstitue quelques jours à peine après la Libération. Les franc-maçonnes reprennent aussitôt leurs activités, se mettent en quête de réunir tous leurs membres séparés par le conflit et cherchent dès 1945 à obtenir une autonomie pleine et entière. Une demande est faite auprès de la Grande Loge de France qui y répond favorablement le 17 septembre 1945 par une décision de son convent. Les sœurs sont désormais autorisées à créer une obédience féminine indépendante appelée l'« Union maçonnique féminine de France ».

Dès l'année suivante, la première constitution maçonnique féminine, intitulée *Des loges d'adoption aux loges féminines indépendantes*, est publiée. Comme pour les loges masculines, elle régule la vie et les devoirs des loges. Dans le même temps, les sœurs entreprennent d'importants travaux consacrés à l'adoption d'un rituel plus traditionnel que celui des dames rénové.

En 1952, l'Union maçonnique féminine de France devient la Grande Loge féminine de France (GLFF) et adopte le rite écossais ancien et rectifié.

En 1972, les sœurs accèdent pour la première fois aux hauts grades et créent pour cela le Suprême Conseil féminin de France grâce à l'appui de son pendant anglais.

Aujourd'hui, la GLFF est forte de plus de 11 600 sœurs réparties au sein de 350 loges environ. Les sœurs travaillent essentiellement au rite écossais ancien et accepté mais acceptent aussi quelques loges respectant le rite français ou le rite écossais rectifié. Étonnamment, après toute ces années de lutte, une loge appartenant à la GLFF continue de travailler au « rite d'adoption » autrement appelé « rite des dames rénové ».

La Grande Loge mixte universelle

La Grande Loge mixte universelle naît en 1973 à l'initiative de frères et de sœurs issus du Droit humain. Pour être plus précis, les loges Lucie-Delong, Marie-Bonnevial et le Devoir, ulcérées par la trop grande ingérence du Suprême Conseil sur la vie de l'obédience, quittent le Droit humain pour voler de leurs propres ailes. Adoubée par le Grand Orient de France qui lui accorde le droit de travailler au rite français, la toute jeune Grande Loge mixte universelle (GLMU) met en place ses règles et surtout affiche aux yeux de tous ses spécificités.

Très vite, elle remporte un certain succès et voit ses rangs gonfler peu à peu. Au début des années 1980, elle recense déjà pas moins de vingt-cinq loges. Elle fait de la laïcité et du droit des femmes ses principaux chevaux de bataille et reprend à son compte le premier article de la constitution du Grand Orient de

France : « La franc-maçonnerie, institution essentiellement philanthropique, philosophique et progressive, ayant pour objet la recherche de la vérité, l'étude de la morale et la pratique de la solidarité ; elle travaille à l'amélioration matérielle et morale, au perfectionnement intellectuel et social de l'humanité. » La GLMU n'exige aucune croyance en un Dieu révélé et surtout encourage les relations entre frères d'obédiences différentes.

On ne sait pas réellement le nombre de frères qui appartiennent à la Grande Loge mixte universelle. Celle-ci fait partie de la myriade d'obédiences qui font la spécificité française. Mixte, libérale, laïque et démocratique, elle affiche en théorie toutes les aspirations de la franc-maçonnerie libérale.

L'Ordre initiatique et traditionnel de l'Art royal

Historiquement très récent, l'Ordre initiatique et traditionnel de l'Art royal (OITAR) est né dans les années 1970. La jeune obédience est intimement liée à la survivance du rite opératif de Salomon. Peu important en effectifs, l'OITAR reste tout de même une obédience importante dans le paysage maçonnique français et international.

Véritable « expression d'une recomposition de la tradition », le rite opératif de Salomon est issu de la tradition maçonnique opérative et du compagnonnage. « Ressuscité » par la volonté de neuf frères du Grand Orient de France, ce nouveau rite pourtant millénaire a d'abord été expérimenté en termes de pratique au sein de la loge « les Hommes » spécialement allumée à cette occasion en 1971. En 1974, constatant que ce rite s'adresse non seulement aux hommes mais aussi aux femmes et surtout qu'il exige un important investissement spirituel, les membres de la loge « les Hommes » considèrent que ce rite devrait mieux être pratiqué en dehors du Grand Orient de France, notoirement adogmatique. Aussi, ils attribuent une sorte de patente constitutive à une nouvelle loge significativement intitulée « les Fondateurs ». Aussitôt, cette dernière s'érige en loge mère d'une nouvelle obédience, l'Ordre initiatique et traditionnel de l'Art royal.

Construite autour du rite opératif de Salomon, la nouvelle obédience s'adresse aussi bien aux hommes qu'aux femmes. Ces derniers travaillent à la gloire du Grand Architecte de l'Univers et à la réalisation du grand œuvre. Comme la majorité des obédiences maçonniques, l'OITAR réfute toute controverse politique ou religieuse en loge. Plus spécifiquement, les loges travaillent sur des sujets paradoxalement assez particuliers en maçonnerie : les outils des bâtisseurs, les nombres, l'art du trait ou bien encore la mort et la renaissance. L'OITAR utilise un ordre composé de neuf degrés chapeautés par un Suprême Conseil. L'OITAR compte aujourd'hui un millier de membres environ répartis au sein d'une petite cinquantaine de loges.

Le Grand Orient de France

Bien que d'un point de vue chronologique ce ne soit pas la plus vieille obédience, le Grand Orient de France est certainement la plus ancienne par son temps d'activité. En effet, hormis deux interruptions dues à une mise en sommeil durant la Terreur (1793-1796) et à la dissolution des loges imposée par le régime de Vichy durant la Seconde Guerre mondiale, le Grand Orient n'a cessé de diffuser depuis ses origines, d'abord en France puis à travers le monde, ses idées libérales et progressistes.

L'histoire de ce qui est aujourd'hui la plus grande obédience française se confond avec celle de la Grande Loge de France. Comme on l'a déjà évoqué dans le paragraphe consacré à la GLF, cette dernière se scinde en deux en 1773, donnant ainsi naissance au Grand Orient. En 1799, une brève réunion des deux nouvelles obédiences se révèle être un échec. En 1804, le Suprême Conseil du rite écossais ancien et accepté est à peine créé pour présider aux destinées des hauts grades maçonniques (du quatrième au trente-troisième) lorsque Napoléon, tout juste couronné, exige l'unification de toute la franc-maçonnerie française au sein d'une seule et même obédience qui sera en charge des premiers grades du R∴E∴A∴A∴. De par l'engagement de sa famille au sein de l'obédience en question, c'est le Grand

Orient de France (GODF) qui est choisi et qui devient alors la seule obédience hexagonale. Sous l'Empire, la franc-maçonnerie et par là même le GODF vivent une époque exceptionnelle de développement. L'engouement populaire qu'elle suscite est alors sans précédent et ne connaîtra jamais plus de telles heures. Le nombre de loges passe de 300 à 1 200 et le nombre d'impétrants est chaque jour plus important. Malheureusement la chute de Napoléon porte un coup d'arrêt à cette croissance vertigineuse de la confrérie.

Quelques années plus tard, le Grand Orient de France est à nouveau marqué par le second Empire. En 1862, le maréchal Magnan, promu grand maître de l'obédience par la volonté de Napoléon III, reçoit – c'est bien sûr une exception – les trente-trois grades du R∴E∴A∴A∴ en une seule journée.

L'année 1877 marque un grand tournant dans son Histoire. Le convent du GODF supprime, après la demande d'une loge de Villefranche-sur-Saône, le premier article de la constitution, à savoir « la franc-maçonnerie a pour principe l'existence de Dieu et l'immortalité de l'âme ». Par cette prise de position, le Grand Orient de France entend laisser à ses membres une liberté absolue de conscience et devient ainsi le leader de la franc-maçonnerie adogmatique. Surtout, en faisant ce choix, il s'oppose à la Grande Loge unie d'Angleterre, qui déclare aussitôt l'obédience française irrégulière.

Cette décision provoque d'importants remous au sein de la franc-maçonnerie, comme on le voit en 1913, lorsque de nombreuses loges quittent le Grand Orient de France pour pouvoir revenir à des pratiques dogmatiques. Le Grand Orient entame alors une période noire de son existence. Le nombre de ses membres diminue de manière significative. En 1939 éclate la Seconde Guerre mondiale dont les conséquences pour le Grand Orient et la franc-maçonnerie en général sont des plus dramatiques. En effet, incité par les nazis, le régime de Vichy se lance dès 1941 dans une grande chasse aux sorcières à l'encontre des francs-maçons français. En 1939, le GODF comptait quelque 30 000 frères, à la Libération ils ne sont plus que 7 000.

Aujourd'hui fort heureusement, le Grand Orient n'a plus rien à craindre et ses effectifs se sont accrus de nouveau. En effet, le GODF est désormais l'obédience française la plus importante. Elle recense aujourd'hui un peu plus de 45 000 adhérents répartis en un millier de loges environ. Ouvertement progressiste, le Grand Orient de France reste pourtant exclusivement masculin même s'il accepte les sœurs en visite au sein de ses loges. Les frères du GODF travaillent majoritairement au rite français même si certaines loges respectent encre le R∴E∴A∴A∴. Les hauts grades des différents rites sont gérés par le Grand Directoire des rites, créé par le GODF au XIXe siècle. Les frères prônent la tolérance, le respect des autres et la liberté absolue de conscience. Ils n'ont pas l'obligation de croire en un Dieu révélé ni même en un principe de création de l'Univers, ils font de la laïcité un principe et surtout affichent des valeurs républicaines et sociales. Aussi le GODF est l'une des seules obédiences au monde à accepter et même à encourager en son sein les discussions politiques et à faire de l'anticléricalisme une spécificité.

Reconnu universellement comme le fer de lance de la franc-maçonnerie libérale, le Grand Orient de France occupe sur la scène internationale une place importante. Il est à la franc-maçonnerie libérale ce que la Grande Loge unie d'Angleterre est à la maçonnerie régulière.

La Grande Loge mixte de France

L'histoire de la Grande Loge mixte de France est indissociable de celle de la Grande Loge mixte universelle (GLMU). Créée en 1973 en réaction à la trop grande ingérence du Suprême Conseil sur l'obédience du Droit humain, la GLMU ne tarde pas à faire face elle-même à ses propres dissensions. La prévalence du rite français ou du rite écossais ancien et accepté n'est pas encore définie que certains frères se montrent désireux de créer au sein de la GLMU un Suprême Conseil propre à administrer les hauts grades tandis que d'autres, échaudés par l'expérience faite au sein du Droit Humain, s'y opposent. Aussi, le convent de 1981, qui s'annonçait difficile, tient toutes ses promesses. Très vite l'autorité du grand maître est remise en cause et l'unité de l'obédience aussitôt mise en danger.

Heureusement, les frères et sœurs schismatiques ont le bon goût d'agir discrètement de façon à ne pas mettre en danger la GLMU. Cependant, ils s'organisent et ne tardent pas à obtenir du Grand Orient de France un soutien déterminant. En très peu de temps ils parviennent à obtenir de ce dernier les patentes constitutives nécessaires et créent dès 1982 la Grande Loge mixte de France (GLMF).

Cette nouvelle obédience se veut selon ses propres termes « avant tout humaniste, philosophique et progressiste ». Les frères et sœurs qui en dépendent recherchent la vérité, étudient la morale et pratiquent la solidarité. Adogmatique, elle prône la laïcité, la liberté absolue de conscience et bien sûr la tolérance et le respect mutuels. Les membres de la GLMF sont à peu près 2 000, répartis au sein d'une centaine de loges, et pratiquent des rites aussi différents que le rite écossais ancien et accepté, le rite écossais rectifié, le rite français ou encore le rite ancien et primitif de Memphis-Misraïm.

La Grande Loge française de Memphis-Misraïm

La Grande Loge française de Memphis-Misraïm est sans aucun doute l'une des obédiences les plus singulières du paysage maçonnique français. Créée en 1963 par la volonté d'un homme, le grand maître international Robert Ambelain, la Grande Loge française de Memphis-Misraïm est la seule obédience masculine française de tradition égyptienne. Les frères qui en sont membres privilégient une initiation occultiste et sacrée.

L'obédience ne recense que très peu de membres mais n'a jamais réellement cherché à se développer en ce sens. En effet, ses fondateurs et le conseil de l'ordre, constitué d'un grand maître et des grands officiers qui sont en charge de ses destinées, ont toujours cherché à privilégier la qualité de ses travaux en s'appuyant de préférence sur la valeur des frères plutôt que sur leur nombre.

Les loges de Memphis-Misraïm travaillent selon le rite égyptien. Les frères qui la composent estiment que la franc-maçonnerie « courante » est aujourd'hui confrontée aux limites de son irrépressible désir de progrès. Conscients de cet état de fait, ils poussent la réflexion jusqu'à constater que « le combat pour la vie l'a emporté sur le combat pour l'amour »[2], aussi, en se référant sans cesse aux arcanes de la tradition, les frères de la Grande Loge française de Memphis-Misraïm œuvrent et se consacrent en priorité à la reconstruction du temple humain.

La Grande Loge féminine de Memphis-Misraïm

En 1965, le grand maître international Robert Ambelain, déjà fondateur de la Grande Loge française de Memphis-Misraïm, constate que la pratique de ce rite ne concerne pas exclusivement le sexe fort et décide de l'ouvrir aux femmes sans pour autant envisager une quelconque mixité. Aussi, cette même année, il attribue aux sœurs les patentes constitutives de la création d'une nouvelle obédience : la Grande Loge féminine de Memphis-Misraïm dont le fonctionnement et le rite respecté sont calqués sur l'antenne masculine.

2. *Source : site officiel de la Grande Loge française de Memphis-Misraïm.*

■ Panorama de la franc-maçonnerie à travers le monde

« Puissent tous les hommes se souvenir qu'ils sont frères. »
Voltaire

Compte tenu du caractère secret ou plutôt discret de la Franc Maçonnerie, il est très difficile de donner le nombre exact de ses membres. Quelques chiffres sont bien sur avancés, et si ils sont à prendre avec prudence, tous montrent que la Franc Maçonnerie vit à l'heure actuelle une véritable crise identitaire et que ses effectifs se réduisent comme peau de chagrin. Une enquête des plus sérieuses réalisée en 1950, estime qu'il y avait environ sept millions de maçons sur la planète, une autre toute aussi fiable montre qu'il n'en resterait aujourd'hui que deux à trois millions. Parmi eux 98 % sont des hommes puisque les obédiences féminines ou mixtes représentent à peine 1 % de l'effectif global. D'autre part 90 % d'entre eux seraient anglo-saxons ou en tout cas feraient partie de la branche éponyme. En effet comme nous l'avons déjà vu précédemment, la Franc Maçonnerie est divisée en deux courants bien distincts. Aussi, malgré l'existence d'une multitude d'obédiences maçonniques différentes, celles ci peuvent être réparties au sein de deux grandes familles, les « antients » et les « moderns » autrement appelées les « régulières » et les « libérales » ou encore les « anglo-saxonnes » et les « progressistes ».

Les premières sont donc les plus représentées dans le monde. Elles respectent les *Landmarks* – règle en 8 points établie en 1929 – édictés par la Grande Loge Unie d'Angleterre dont elles reconnaissent également l'autorité suprême. Parmi ces règles on retrouve la croyance en un Dieu créateur, le Grand Architecte de L'Univers et la non mixité, les femmes ne sont pas admises. Les autres dites libérales ou modernes sont adogmatiques, elles n'imposent pas la croyance en un Dieu révélé, exécutent des travaux exclusivement spirituels et surtout prônent la tolérance et l'humanisme au sein des loges. Celles-ci sont très peu représentées sur la surface du globe si ce n'est en Europe continentale et en Amérique du Sud où elles sont non seulement majoritaires mais surtout prennent chaque jour un peu plus d'importance.

En France et en Belgique (cf. chapitres 15 et 16) par exemple, les deux branches de la franc Maçonnerie coexistent sans problèmes, toutefois le courant moderne s'y porte nettement mieux que les obédiences régulières qui connaissent une crise sans précédent et ce à l'échelle planétaire. En effet certains rapports certes alarmistes mais considérés comme sérieux par nombre de spécialistes indiquent que la Franc Maçonnerie anglo-saxonne aurait perdu plus de la moitié de ses membres depuis les années 60. Ainsi les Etats-Unis, qui ont compté sur leur territoire jusqu'à 4 millions de frères avant les années 90 auraient vu le nombre d'initiés baisser spectaculairement à l'instar de l'ensemble des confréries anglo-saxonnes.

Pour ce qui est de l'implantation de la Franc Maçonnerie, elle n'est pas uniforme dans tous les pays du monde, c'est le moins que l'on puisse dire. Son expansion depuis sa création est certes incontestable cependant il existe certaines régions dans lesquelles les frères n'ont pas rencontré l'accueil qui leur fut réservé en Amérique ou en Afrique par exemple. En effet même si, rappelons-le encore une fois, les maçons refusent toute polémique religieuse ou politique et si leur maître mot est tolérance certains régimes politiques ou certaines cultures ont parfois constitué pour eux des obstacles infranchissables. Ainsi la confrérie s'est vue frappée d'interdiction par la grande majorité des régimes totalitaires. De la même manière les pays musulmans gagnés par l'intégrisme ont préféré chasser les maçons alors très présents dans la région.

Quoiqu'il en soit, la vocation universelle de la confrérie née en Angleterre au XVIIIe siècle a si l'on considère son expansion au niveau mondial, indéniablement porté ses fruits. Et si aujourd'hui la Franc Maçonnerie semble connaître pour la énième fois de son histoire des heures difficiles, en termes de « recrutement » cette fois ci, gageons qu'elle saura retrouver auprès des générations futures la vitalité qui a toujours fait sa force.

La franc-maçonnerie en Europe

Est-il besoin de repréciser ici que la franc-maçonnerie tient en Europe une place importante du fait de ses origines ? Comme on l'a vu, la confrérie est née en Angleterre et les principales obédiences, en tout cas celles qui accordent aux loges du monde entier des patentes constitutives, sont anglaises : la Grande Loge unie d'Angleterre pour la maçonnerie régulière ou française, le Grand Orient de France pour les adogmatiques. Ces deux loges sont indubitablement les deux plus importantes mais il en existe d'autres, par exemple le Droit humain dont le rayonnement international est plus vrai chaque jour.

À défaut d'être le plus grand foyer de francs-maçons au monde – car les États-Unis semblent indétrônables en la matière, en comptant plus de deux millions de membres contre 900 000 environ en Europe –, c'est par la variété de ses obédiences que l'Europe se distingue. On ne compte plus celles qui y résident. Régulières, traditionnelles, libérales, progressistes, masculines, féminines, mixtes, théistes, adogmatiques, reconnues ou non, la gamme obédientielle européenne est pour le moins large. La nébuleuse maçonnique européenne est tellement variée qu'il est parfois difficile de s'y retrouver.

De plus, beaucoup de stéréotypes, comme l'interdiction de croire en un Dieu ou l'implication politique obligatoire, reviennent régulièrement au sujet de la franc-maçonnerie. Ce ne sont souvent que des rumeurs infondées ou plus simplement les spécificités de certaines obédiences, et en aucun cas des généralités. Quoi qu'il en soit, ces dissemblances sont la meilleure illustration de l'intérêt de la diversité maçonnique européenne. Même si elles ne se reconnaissent pas forcément, les obédiences favorisent généralement les visites des uns chez les autres dans le but de faire évoluer la maçonnerie.

Il est donc difficile pour un impétrant, par définition encore novice en la matière, de choisir entre toutes ces obédiences à la fois si proches et si différentes. Cependant cette diversité, dont nous essaierons de vous donner les clés au cours des chapitres suivants, si elle peut paraître dans un premier temps déroutante, permet à chacun de trouver au sein de la franc-maçonnerie un chemin qui lui convient.

En Europe, les travaux effectués en loge et les rituels sont axés essentiellement sur l'aspect initiatique de la franc-maçonnerie. De fait, celle-ci est davantage spirituelle et ses objectifs résident plus dans la volonté de faire évoluer la société spirituellement que dans le fait de lui apporter une aide matérielle comme c'est le cas aux États-Unis avec notamment les Shriners.

Bien sûr, ce que l'on peut considérer comme une richesse obédientielle n'est pas le fruit du hasard. Ou plutôt si : ce sont les aléas de l'histoire qui ont provoqué ces querelles et ces schismes. Et si, souvent, ces troubles se sont avérés bénéfiques pour la confrérie, cela n'a pas toujours été le cas. En effet, il paraît toujours étonnant que la plus grande partie des francs-maçons ne résident pas en Europe mais encore une fois l'explication est historique. En 1939, le début de la Seconde Guerre mondiale et la conquête de l'Europe par les nazis portent un coup terrible à la franc-maçonnerie. Hitler, effrayé par le spectre fantasmatique d'un complot judéo-maçonnique, réserve aux frères le même sort que celui qu'il applique aux malheureux israélites. Ainsi, les francs-maçons sont traqués, capturés et parfois même livrés par les autorités nationales comme ce fut le cas en France, avant d'être massacrés. Au sortir de la guerre, les loges se reconstituent tant bien que mal et constatent horrifiées que deux tiers des leurs ont péri pour la plupart dans les camps nazis. Toutefois, la nouvelle donne politique mondiale et en particulier européenne ne permet pas à toutes les loges de se «réveiller». Toutes celles situées dans des pays du bloc de l'Est désormais dominés par le communisme se voient frappées d'interdiction au même titre que les maçons espagnols et portugais qui trouvent en Franco et Salazar des ennemis mortels.

Malgré tout, certaines loges parviennent à subsister dans la clandestinité ou même en exil mais rien ne leur permet de se développer puisque seules les chutes successives de ces différentes dictatures donnent à la franc-maçonnerie la possibilité de se «réveiller» dans ces contrées. Grâce à ces pays, la maçonnerie européenne connaît aujourd'hui un certain regain d'intérêt. Bien aidées, il faut le dire, par les grandes obédiences françaises et anglaises, des loges se créent partout en Europe de l'Est où l'on compte maintenant une dizaine de milliers de frères et sœurs. Toutefois, ce phénomène est loin d'être spectaculaire et ne suffit pas à expliquer le renouveau maçonnique européen. Inutile non plus de chercher du côté ibérique où la franc-maçonnerie n'est encore qu'embryonnaire.

Non, les raisons de ce nouveau succès sont ailleurs, et aussi bizarre que cela puisse paraître pour nous Français, c'est bien de l'Hexagone que part ce nouvel élan. À vrai dire, il faut inclure aussi la Belgique dans ce phénomène. La France compte aujourd'hui 120 000 francs-maçons et la Belgique six fois moins. Cependant, même si ces chiffres peuvent paraître faibles, jamais il n'y a eu autant de frères dans nos deux pays et ce phénomène semble loin d'être terminé. Aujourd'hui, contrairement à la franc-maçonnerie anglo-saxonne qui, on l'a vu, est en crise, les libéraux continentaux plus en phase avec les attentes de la population sont en plein essor. En France et en Belgique, le taux de croissance moyen de nos obédiences, Grands Orients en tête, est de plus de 4 %, ce qui constitue un record.

En d'autres termes, la franc-maçonnerie européenne est loin d'avoir vécu, au contraire. À l'instar de la France et de la Belgique, la frange continentale de la confrérie s'apprête à combler son retard vis-à-vis des Anglo-Saxons, ou en tout cas à donner un nouveau souffle à la maçonnerie.

La franc-maçonnerie aux États-Unis

Aux États-Unis, la franc-maçonnerie revêt un caractère complètement différent de celui que l'on connaît en France et en Europe. En effet, outre-Atlantique, les maçons ont littéralement pignon sur rue. Là-bas, on ne cache pas son appartenance à la confrérie, bien au contraire. Les frères s'affichent au grand jour et leurs actions sont nombreuses et bien connues. Certains même attribuent à la franc-maçonnerie une telle influence sur la révolution américaine, l'indépendance, qu'ils voient en elle la fondatrice du pays. Bien sûr, ce lien entre la confrérie et la révolution américaine est plus qu'exagéré mais, quoi qu'il en soit, la franc-maçonnerie est omniprésente aux États-Unis et il n'y a donc rien d'étonnant à ce que le pays recense près des deux tiers des maçons de la planète.

Il est aujourd'hui impossible de dire où et quand la franc-maçonnerie fut introduite et pratiquée pour la première fois en Amérique. À ce propos, une anecdote mérite d'être racontée. Nul ne sait quelle ville, de Boston ou de Philadelphie, fut le théâtre de la première tenue américaine et encore aujourd'hui le débat fait rage. Certains soutiennent que c'est à Philadelphie que la maçonnerie américaine est née, puisque le 5 juin 1730 Daniel Coxe, en recevant de la Grande Loge d'Angleterre le premier mandat « américain », est devenu grand maître des provinces de New York, du New Jersey et de Pennsylvanie, tandis que d'autres pensent que c'est à Boston que tout a commencé, grâce à un dénommé Henry Price mandaté le 13 avril 1733 pour prendre la tête de la province de la Nouvelle-Angleterre. Il apparaît après enquête que Daniel Coxe a bien été le premier grand maître américain mais, en raison d'un séjour prolongé en Angleterre, il a été devancé par Henry Price dans l'exercice de son droit. Ainsi, c'est bien ce dernier qui présida la première cérémonie maçonnique en Amérique le 30 juillet 1733 à Boston, et Coxe, pour n'avoir pas fait usage de son privilège, se le vit retirer au profit de Price qui fut nommé grand maître de l'ensemble des dominions de Sa Majesté en Amérique du Nord.

Quoi qu'il en soit, l'histoire de la maçonnerie américaine n'a pas souffert de ce quiproquo même s'il fallut attendre la fin de la révolution américaine pour que la confrérie prenne un réel essor outre-Atlantique.

Les premiers maçons présents sur le continent américain sont pour la plupart des colons initiés au préalable en Angleterre. Les loges – il en existe une centaine avant la guerre d'Indépendance – sont à l'image de la population, issues des grandes loges anglaises, écossaises et bien sûr irlandaises. Autre particularité de la maçonnerie américaine, bien des soldats de l'armée britannique sont membres de loges militaires. Ces derniers, appelés de par leur métier à se rendre de ville en ville, deviennent de ce fait les grands artisans de l'expansion maçonnique aux États-Unis et donc de la diffusion sur l'ensemble du territoire américain des idéaux maçonniques.

Dépendantes administrativement des obédiences anglo-saxonnes, les loges américaines sont elles aussi confrontées au conflit qui oppose les anciens et les modernes. D'ailleurs, cette guerre fratricide se retrouve dans l'engagement des frères dans les aléas de l'histoire américaine. Les premiers, réputés révolutionnaires, se rangent donc du côté des révolutionnaires tandis que les seconds, notoirement recrutés dans les hautes sphères sociales, sont logiquement loyalistes. Cette opposition se retrouvera d'ailleurs quelques années plus tard quand les frères se trouveront à nouveau opposés lors de la guerre de Sécession qui verra les nordistes affronter les sudistes. Heureusement, l'union de 1813 (création de la Grande Loge unie d'Angleterre) mettra un terme à cette querelle.

Pour ce qui est de l'influence maçonnique sur la révolution américaine et la création de la république, il faut tempérer la croyance populaire. En effet, même si cette époque fut indéniablement marquée par des francs-maçons tels que Benjamin Franklin, George Washington ou La Fayette, même si un tiers des signataires de la Constitution appartenaient à la confrérie, rien ne permet de conclure pour autant que la franc-maçonnerie ait joué un quelconque rôle institutionnel. Certes, les hauts personnages de l'État étaient initiés, mais au même titre que nombre de frères occupant des postes de premier plan dans le monde profane et qui, comme on l'a vu, faisaient partie de l'un ou l'autre camp.

Toutefois, il ne faut pas nier au regard de l'histoire américaine une présence non négligeable des francs-maçons dans les coulisses du pouvoir. Depuis la révolution, les États-Unis ont porté à la magistrature suprême pas moins de quatorze présidents maçons (cf. encadré page 74). Et si aucun n'est devenu locataire de la Maison-Blanche depuis Gerald Ford, il ne faut pas y voir un affaiblissement de la confrérie qui, rassurez-vous, reste très bien représentée au sein du Congrès, du Sénat ou encore de la Chambre des représentants dont les influences respectives vont, comme on le sait, grandissant.

Aussi, considérer que la franc-maçonnerie a joué un rôle capital dans la révolution ou la Constitution américaine serait exagéré. Certes, de nombreux maçons y ont participé, toutefois aucun travail n'a été mené à ce propos au sein des loges qui, rappelons-le, refusent ce genre de débat dans leurs murs. Pourtant, ce serait également une erreur de nier qu'un lobby maçonnique existe aux États-Unis et que comme les autres lobbies il est très influent.

D'un point de vue interne, les loges maçonniques américaines sont les dignes héritières de la franc-maçonnerie anglaise. Elles pratiquent un rite d'York légèrement modifié et désormais connu sous le nom de rite américain ou même rite d'York américain. La seule différence réside dans le fait que le grade de « maître de la marque » (le quatrième) est outre-Atlantique le premier d'une série de onze hauts grades communs avec ceux du R∴E∴A∴A∴. Ainsi, aux États-Unis, il est fréquent que les hauts grades du rite américain appartiennent conjointement à celui du R∴E∴A∴A∴.

D'un point de vue plus administratif, les loges américaines ont adopté un fonctionnement calqué sur celui du gouvernement fédéral. On trouve au sein de chaque État une Grande Loge souveraine à même de présider aux destinées des loges qui dépendent d'elle.

Par ailleurs, les maçons américains ne se cachent pas comme c'est le cas dans les autres pays. Ici, la maçonnerie n'a rien de discret, au contraire. Ainsi, l'ordre des Shriners, dont les membres sont issus du rite d'York ou du R∴E∴A∴A∴, développe partout sur le territoire des œuvres caritatives. Entretenus par d'importantes donations et largement favorisés par une fiscalité plus qu'avantageuse, les Shriners utilisent leurs richesses pour financer d'importantes missions de santé publique. Des maisons de retraite, des orphelinats ou encore des centres médicaux spécialisés font partie de l'important panel de services médicaux sociaux que la franc-maçonnerie fait marcher outre-Atlantique.

Malgré tout, la maçonnerie américaine est en crise. Elle qui comptait quatre millions de membres au sortir de la Seconde Guerre mondiale fait face à une véritable hémorragie. Aujourd'hui, non seulement les frères américains ne sont plus que deux millions mais, plus inquiétant encore, ses effectifs vieillissent significativement. Les causes sont bien connues. La vie associative est de moins en moins prisée et, surtout, à l'heure où la société favorise l'individualisme et les réalisations concrètes, l'engagement philosophique fait de moins en moins d'adeptes. De plus, le refus d'évoluer manifesté par les instances maçonniques américaines trop attachées à la reconnaissance accordée par la Grande Loge unie d'Angleterre, soi-disant étalon de régularité, porte un coup fatal à la maçonnerie. En l'absence de débats touchant à la société qui l'entoure, non seulement elle s'éloigne de sa vocation mais surtout elle fait fuir son public.

Enfin, le refus d'initier des femmes et la frilosité encore tenace des maçons blancs d'accepter parmi eux les frères noirs initiés au sein des loges Prince Haal[1] donnent à la confrérie une image pour le moins négative.

1. *Voir* Le Symbolisme de la franc-maçonnerie française, *op. cit.*

Les 14 présidents américains francs-maçons

George Washington (1732-1799) : initié à la Fredericksburg Lodge de Virginie le 4 novembre 1752.
Héros de l'Indépendance, il fut le premier président des États-Unis de 1789 à 1797.

James Monroe (1758-1831) : initié à la Williamsburg Lodge de Virginie le 9 novembre 1775.
Républicain, il fut président des États-Unis de 1817 à 1825.

Andrew Jackson (1767-1845) : initié à la Nashville Lodge du Tennessee, il fut élevé au rang de grand maître de l'État.
Démocrate, il fut président des États-Unis de 1829 à 1837.

James K. Polk (1795-1849) : initié à la Columbia Lodge du Tennessee le 5 juin 1820.
Démocrate, il fut président des États-Unis de 1845 à 1849.

James Buchanan (1791-1868) : initié à la Lancaster Lodge de Pennsylvanie le 11 décembre 1816.
Républicain, il fut président des États-Unis de 1857 à 1861.

Andrew Johnson (1808-1875) : initié à la Greenville Lodge du Tennessee. On ne sait rien de son parcours maçonnique.
Républicain, il fut président des États-Unis de 1865 à 1869.

James Garfield (1831-1881) : initié à la Columbia Lodge de l'Ohio le 19 février 1861, il fut élevé au grade de chevalier du temple.
Républicain, il présida les États-Unis en 1881 et mourut la même année. Aux traditionnelles obsèques nationales il préféra une cérémonie maçonnique.

William McKinley (1843-1901) : initié à la Winchester Lodge de Virginie le 1er mai 1865, il fut élevé au grade de chevalier du temple.
Républicain, il fut président des États-Unis de 1897 à 1901.

Theodore Roosevelt (1858-1919) : initié à la Matinecock Lodge d'Oyster Bay de l'État de New York à une date inconnue, il en devint le grand maître par la suite.
Républicain, il fut président des États-Unis de 1901 à 1909.

> *William H. Taft (1857-1930) : initié au sein d'une loge non identifiée de Cincinnati, il en devint le grand maître le 18 février 1909, quelques jours à peine avant de prêter serment.*
> *Républicain, il fut président des États-Unis de 1909 à 1913.*
> *Warren G. Harding (1865-1923) : initié à la Marion Lodge de l'Ohio à une date inconnue, il fut élevé au grade de chevalier du temple et atteignit le trente-troisième et ultime degré des hauts grades maçonniques.*
> *Républicain, il fut président des États-Unis de 1921 à 1923.*
> *Franklin D. Roosevelt (1882-1945) : initié à la Holland Lodge de New York le 10 octobre 1911, il fut à partir de 1934 le grand maître de l'Organisation de jeunesse pour les fils de maçons et atteint même le trente-deuxième degré des hauts grades.*
> *Démocrate, il fut président des États-Unis de 1933 à 1945.*
> *Harry S. Truman (1884-1972) : initié à la Belton Lodge du Missouri le 21 décembre 1908. Il fut le vénérable de la Research Lodge du Missouri alors qu'il occupait la Maison-Blanche.*
> *Démocrate, il fut président des États-Unis de 1945 à 1953.*
> *Gerald R. Ford (1913-2006) : initié à la Grand Rapid's Lodge du Michigan le 30 septembre 1949.*
> *Républicain, il fut président des États-Unis de 1974 à 1977.*

Pourtant, les maçons américains ne s'avouent pas vaincus. Tout est bon pour donner un nouveau souffle à la confrérie. Internet d'abord : les maçons ont investi la Toile, bien décidés à y diffuser leurs idées et à attirer par son intermédiaire un maximum de vocations. Ensuite, les Américains adoptent depuis quelques années une progression initiatique révolutionnaire destinée à encourager les vocations. Contrairement à ce qui se passe en Europe, les délais entre l'initiation et la maîtrise sont réduits à quelques semaines à peine. Juste le temps nécessaire à l'impétrant d'assimiler les rituels. Quant aux hauts grades, au nombre de onze ou de trente-deux suivant que l'on appartient au rite américain ou au R∴E∴A∴A∴, les frères les obtiennent en un seul et même week-end au cours d'une cérémonie collective.

Enfin, pour attirer de nouveaux membres, les loges américaines lancent même depuis quelques années d'importantes campagnes de publicité dont on peut voir les affiches ou les spots sur les murs et les télés du pays entier.

Cependant, la franc-maçonnerie des États-Unis n'est pas à l'agonie. Si les méthodes mises en place pour redonner à la confrérie sa vitalité passée semblent pour l'instant inefficaces, rien n'indique qu'aucun changement important ne peut intervenir et inverser la tendance. En effet, si les obédiences semblent aujourd'hui encore frileuses, certains signes semblent montrer des velléités de changements. Alors gageons que grâce à une once d'ouverture la franc-maçonnerie la plus importante du monde en termes d'effectifs pourrait bien retrouver les chemins du succès.

La franc-maçonnerie en Amérique latine

Comme on peut s'en douter, c'est encore une fois à la colonisation que l'on doit le premier essor de la franc-maçonnerie en Amérique du Sud. Espagnols, Portugais, Anglais et Français ont au gré de leurs conquêtes créé dans les pays annexés des loges qui leur étaient réservées. Toutefois, en accord avec les principes d'universalisme défendus par les maçons, ces loges se sont peu à peu ouvertes aux autochtones, et c'est en leur sein qu'ont germé la plupart des idéaux révolutionnaires. Les grandes figures révolutionnaires comme Bolivar, San Martin, Mosquera ou plus tard Allende étaient – ce qui n'a rien de surprenant – francs-maçons. Il n'est donc pas étonnant qu'une fois l'indépendance acquise, ces maçons du bout du monde aient réallumé ces loges et leur aient donné un grand essor.

La franc-maçonnerie a donc été très active depuis la fondation des États de cette région du monde et l'est encore aujourd'hui. L'Amérique latine conserve encore de nos jours des milliers d'adeptes réunis au sein de loges d'obédiences diverses. Bien sûr, beaucoup d'entre elles dépendent, comme la majorité des ateliers du monde, de la Grande Loge unie d'Angleterre. Mais d'autres, plus nombreuses de jour en jour, se créent à l'initiative des membres du Droit humain dont la vocation internationale s'est particulièrement exprimée en Amérique du Sud.

De nos jours, la franc-maçonnerie latino-américaine connaît, à la faveur des craintes exprimées par les dirigeants sud-américains face à la mondialisation, un certain essor. En effet, beaucoup des classes supérieures voient – peut-être à tort – en la franc-maçonnerie une institution internationale capable d'en circonscrire les excès.

La franc-maçonnerie en Asie

L'Asie n'est pas à proprement parler un haut lieu de la franc-maçonnerie. En son temps, la colonisation a indubitablement porté ses fruits mais aujourd'hui force est de constater que le continent n'a pas succombé aux sirènes de la doctrine maçonnique. Les raisons de ce désintérêt asiatique pour la franc-maçonnerie sont diverses. Tout d'abord, le continent asiatique est l'un des plus chamarrés sur les plans culturel et religieux. Bouddhisme, islam, protestantisme, catholicisme et bien d'autres religions y cohabitent. Ensuite, les régimes politiques de nombre des pays d'Asie, souvent autoritaires, militaires ou religieux, sont pour la plupart opposés à la franc-maçonnerie. Pourtant, on va le voir, la confrérie se développe quelque peu sur le continent et des loges apparaissent çà et là dans des pays parfois inattendus.

Bien sûr, la colonisation européenne particulièrement importante dans cette région du monde jusqu'à la moitié du siècle dernier a permis alors à certaines loges de s'implanter dans la région. Mais la plupart des pays en question ont de nos jours brisé les chaînes qui les liaient aux puissances européennes, à la suite de mouvements révolutionnaires qui, malheureusement, se sont bien souvent transformés en régimes dictatoriaux. Nombre de pays comme la Chine ou la Corée sont encore dirigés par des gouvernements communistes opposés on le sait à la franc-maçonnerie. Aussi les quelques loges qui existaient avant l'avènement de ces régimes se sont éteintes par la force des choses.

De plus, certains pays comme le Japon ou l'Inde, bénéficiant de cultures à la fois très fortes et très différentes de celle que l'on connaît en Occident, n'ont pas été très réceptifs à la doctrine maçonnique.

Enfin, certaines régions du continent asiatique, et notamment le Moyen-Orient ou l'Asie du Sud-Ouest, se sont dernièrement transformées en Républiques islamiques dont les valeurs sont pour le moins contraires aux principes maçonniques.

Pour toutes ces raisons, la franc-maçonnerie n'est en Asie qu'embryonnaire. Mais cette situation est loin d'être définitive : au regard de ces conjonctures diverses, l'esprit maçonnique pourrait sans doute être un facteur d'évolution comme il l'a souvent été au cours de l'histoire. Si les maçons ont, comme on l'a déjà vu, grandement participé aux révolutions françaises et américaines, pourquoi la maçonnerie n'inspirerait-elle pas à leur tour les peuples asiatiques ? Cette vision des choses n'est pas qu'une idée puisque quelques loges commencent à se créer dans de nombreux pays asiatiques sur fond de progressisme. C'est notamment le cas en Chine, à Taiwan ou aux Philippines, au Liban, en Israël ou encore en Turquie.

■ La franc-maçonnerie mondiale existe-t-elle ?

Concernant la franc-maçonnerie, une question revient sans cesse : existe-t-il une instance maçonnique internationale susceptible de gouverner le monde ? En effet, beaucoup de gens, influencés par les affirmations fallacieuses des détracteurs de la confrérie, se demandent si cette hypothèse ne contiendrait pas quand même une part de vérité. Malgré les dénégations des intéressés et tout ce que l'on a pu dire ou écrire (il existe des millions de pages destinées à tordre le cou à cette rumeur dans les bibliothèques du monde entier), cette question persiste. Alors tentons avant tout d'expliquer à notre tour en quoi ces théories sont mensongères et irréalistes, n'existant que par la volonté et l'imagination des nombreux ennemis de la franc-maçonnerie prêts à tout pour donner à l'organisation un caractère machiavélique.

Il n'existe en maçonnerie aucune instance internationale comparable à un gouvernement et personne en tout cas au sein du paysage maçonnique international n'influe sur la politique internationale ni ne cherche à le faire. Rappelons à ce propos que les maçons, refusant toute polémique politique ou religieuse, laissent aux non-initiés ce type d'ambition. D'ailleurs, il n'existe pas non plus de « chef suprême » de la franc-maçonnerie mondiale tant administrativement que rituellement. Dépourvue d'organe suprême maçonnique ou d'un quelconque « pape maçon », la confrérie semble bien loin de ce complot que tant de détracteurs s'acharnent à lui prêter.

Bien sûr, il existe tout de même au sein de la franc-maçonnerie quelques organismes internationaux, mais il ne s'agit que de groupes de liaisons interobédiences destinés à faciliter les échanges entre les différentes loges. En aucun cas ceux-ci n'ont autorité sur ces dernières, au contraire. Les obédiences tiennent bien trop à leur indépendance et à leurs différences pour accepter toute domination. En effet, malgré une acceptation mutuelle interobédience quasi générale, les dissensions entre les loges libérales et régulières (pour ne citer qu'elles) sont bien trop importantes pour imaginer un quelconque regroupement de celles-ci sous une seule et même autorité.

Par ailleurs la franc-maçonnerie est particulièrement attachée à la notion de démocratie, dont elle a largement diffusé les principes, pour agir de façon occulte sur les destinées du genre humain.

Certes, la franc-maçonnerie se prétend universelle mais il ne s'agit là que d'un point de vue spirituel. Les théories qui sont les siennes et les valeurs qu'elle défend comme la tolérance, le respect des différences et le refus de toute polémique religieuse ou politique sont indubitablement vouées aux rapprochements interculturels. Aussi n'est-il pas étonnant de constater que la franc-maçonnerie, malgré ses origines européennes, a connu depuis sa création une forte expansion. Bien que les chiffres qui circulent soient très différents puisqu'il est impossible de donner le nombre exact de francs-maçons dans le monde en raison de la nature secrète de leur engagement, on estime raisonnablement que la franc-maçonnerie dans son ensemble recenserait 2 à 3 millions de membres ; 90 % d'entre eux seraient d'obédiences régulières, ce qui entraîne tout naturellement une forte majorité masculine qui représenterait en fait 98 % du nombre total de maçons[1].

À l'heure actuelle, les frères sont présents dans quasi tous les pays du monde même si leurs effectifs ne sont pas uniformément répandus. En effet, certains contextes politiques ou culturels empêchent la confrérie de se développer dans certaines parties du monde. On le sait, la franc-maçonnerie est presque systématiquement interdite au sein des pays à régime totalitaire ou des États dominés par des religieux intégristes comme les Républiques islamiques. Toutefois il existe quelques exceptions, comme à Cuba où la franc-maçonnerie garde une certaine vitalité.

1. Source : Dominique Dubois, Pour comprendre la franc-maçonnerie, Éditions du Rocher, 2006.

Aujourd'hui donc, une seule chose est sûre : les francs-maçons sont bien présents dans le monde entier. Appartenant à des obédiences et des loges différentes, ils pratiquent des rites différents et n'ont en commun que de travailler à un même idéal : l'élévation spirituelle et morale du genre humain.

■ Quelques francs-maçons célèbres

ABD EL-KADER (1807-1883) : émir arabe, il fut l'un des principaux meneurs de la résistance menée par les Algériens contre les colons français entre 1832 et 1847. Arrêté après la victoire française, il fut transféré dans l'Hexagone et incarcéré durant cinq longues années. Libéré, il s'installa au Proche-Orient où il se fit protecteur des communautés chrétiennes. Initié à la loge Henri-IV, il passa par la suite à la loge « les Pyramides » du Grand Orient de France où il fut élevé.

ALDRIN, Edwin : astronaute américain membre de l'équipage d'Apollo 11, il est le deuxième homme à avoir foulé le sol lunaire le 21 juillet 1969.

ARMSTRONG, Louis (1901-1971) : jazzman, le plus grand trompettiste de son époque.

ARMSTRONG, Neil (1930-) : astronaute américain membre de l'équipage d'Apollo 11, il est le premier homme à avoir foulé le sol lunaire, le 21 juillet 1969. Il reste également célèbre pour les mots qu'il a alors prononcés : « Un petit pas pour l'homme, un grand pas pour l'humanité. »

BARTHOLDI, Frédéric Auguste (1834-1904) : sculpteur français. C'est à lui que l'on doit la statue de *La Liberté éclairant le monde* qui se dresse à l'entrée du port de Manhattan et également *Le Lion de Belfort*. Il fut membre de la loge Alsace-Lorraine appartenant à l'Orient de Paris où il fut initié.

BARTON, Clara : fondatrice de la Croix-Rouge américaine, elle fut initiée à la *co-masonry* d'Oxford dans le Massachusetts.

BEAUHARNAIS, Joséphine DE (1763-1814) : première épouse de l'empereur Napoléon, elle fut également l'éminent membre d'une loge féminine d'adoption basée à Paris.

BEETHOVEN, Ludwig VAN (1770-1827) : musicien allemand, Beethoven fut l'un des plus grands compositeurs de son temps. On n'a encore aujourd'hui aucune attestation de son appartenance à une quelconque loge maçonnique. Pourtant son œuvre, empreinte d'humanisme, est pour les initiés une preuve irréfutable de son initiation.

BOLIVAR, Simon (1783-1830) : grand pourfendeur de l'esclavage, il fut également le héros de l'indépendance sud-américaine, ce qui lui valut le sobriquet de *el Libertador*. Initié en Espagne, à Cadix très exactement, il rejoignit par la suite la loge Saint-Alexandre d'Écosse basée à Paris où il reçut le grade de compagnon en 1805. On lui prête la fondation de la loge *Orden y Libertad* à Lima (Pérou).

BONAPARTE, Joseph (1768-1844) : frère aîné de Napoléon, il fut couronné roi de Naples de 1806 à 1808, puis roi d'Espagne jusqu'à la chute de l'Empire, époque à laquelle il choisit de s'exiler aux États-Unis. Initié à la loge de la Parfaite Sincérité de Marseille, il devint, dès 1804, le grand maître du Grand Orient de France.

BONGO, Omar (1935-) : après avoir travaillé au sein des services secrets français, il rejoignit l'entourage de Léon M'Ba, premier président du Gabon et lui aussi franc-maçon. Il lui succéda en 1967 et instaura le monopartisme. Il fallut attendre 1990 pour qu'Omar Bongo cède à la pression internationale et restaure le multipartisme. Toutefois, ces dispositions n'ont pas amené les changements espérés. En effet, Bongo a été réélu le 27 novembre 2005 avec 79,18 % des suffrages, un score qui laisse présumer de nombreuses fraudes électorales.

BRAZZA, Pierre SAVORGNAN DE (1852-1905) : explorateur et colonisateur français. Il organisa plusieurs explorations en Afrique au cours desquelles il fit de nombreuses découvertes. En 1879, il remonta l'Ogooué et parvint jusqu'au Congo qu'il fit placer sous protectorat français.

BRIAND, Aristide (1862-1932) : plusieurs fois ministre, onze fois président du Conseil, ce socialiste convaincu fut avant tout l'un des principaux artisans de la loi de séparation de l'Église et de l'État (1905). Il fut également élu Prix Nobel de la paix en 1926 pour son action contre la guerre.

CACHIN, Marcel (1869-1958) : celui qui fut l'un des fondateurs du Parti communiste français avait été initié en 1899 par la loge de la Concorde castillonaise de Castillon.

CAGLIOSTRO (1743-1795) : aventurier italien, grand amateur de sciences occultes, il est le fondateur d'un rite égyptien à l'origine de celui de Memphis-Misraïm. Impliqué dans l'affaire du Collier de la reine, il ne fut toutefois pas inquiété. En revanche, il fut arrêté en sa qualité de maçon par l'inquisition romaine. Jugé et condamné, il mourut dans des conditions plus que suspectes.

CAMBACÉRÈS, Jean-Jacques Régis de, duc de Parme (1753-1824) : d'abord second consul puis archichancelier de l'Empire dès 1804, il participa activement à la rédaction du Code civil. Élevé au rang de grand maître adjoint du Grand Orient de France en 1806 pour pallier les absences de Joseph Bonaparte, il fut surtout chargé par l'Empereur de surveiller la franc-maçonnerie qui se développait alors de manière fulgurante. Sous son mandat, plus de 1 200 loges virent le jour dans l'Hexagone.

CASANOVA DE SEINGALT, Giovanni (1725-1798) : aventurier et surtout séducteur patenté, il fut initié dans une loge lyonnaise. Ses *Mémoires* comptent d'ailleurs d'importants passages liés à son engagement maçonnique.

CHAGALL, Marc (1887-1985) : peintre, dessinateur, graveur et sculpteur français d'origine russe mondialement reconnu, il fut, selon André Breton, l'un des précurseurs du surréalisme.

CHRYSLER, Walter P. (1875-1940) : industriel américain, il présida d'abord aux destinées des industries automobiles Buick avant de s'approprier Willys Overland et Maxwell Motor pour les réunir au sein de sa propre marque à son nom. À sa mort en 1940, Chrysler était le deuxième constructeur automobile mondial.

CHURCHILL, **Winston** (1874-1965) : premier ministre du gouvernement de coalition britannique durant la Seconde Guerre mondiale, son intelligence, son courage et sa ténacité ont largement contribué à terrasser le nazisme. Écrivain par passion, il reçut en 1953 le prix Nobel de littérature. Il fut initié à la *United Studholme Lodge* de Londres.

CITROËN, **André** (1878-1935) : célébrissime constructeur automobile français. Les innovations techniques qu'il apporta sans cesse à ses voitures firent de la marque aux chevrons l'une des plus réputées du monde. La légende dit même que ces fameux chevrons étaient directement inspirés de l'équerre et du compas maçonniques.

CLÉMENT, **Jean-Baptiste** (1837-1903) : révolutionnaire, il participa à la Commune. Ce poète, journaliste, chansonnier est également l'auteur du *Temps des cerises*. Il était membre de la loge « Évolution sociale ».

CODY, **William** (1846-1917) : dit Buffalo Bill pour ses compétences en matière de chasse aux bisons. À vrai dire, il fut plutôt l'un des grands artisans de la disparition des troupeaux de bisons sur le continent américain et la vedette d'une tournée européenne dans laquelle il retraçait les grandes heures de la conquête de l'Ouest. Toutefois cela n'enlève rien aux brillants états de service qui furent les siens durant la guerre de Sécession.

COLT, **Samuel** (1814-1862) : armurier célèbre pour avoir mis au point le très meurtrier et peu maçonnique six-coups qui accompagna les protagonistes de la conquête de l'Ouest américain.

CONDORCET, Marie Jean (1743-1794) : philosophe, mathématicien et homme politique français, il fut député à l'Assemblée législative puis à la Convention. Arrêté comme girondin durant la Terreur, il s'empoisonna pour échapper à l'échafaud.

DAC, Pierre (1893-1975) : humoriste français célèbre en son temps, il fut un membre très actif du Grand Orient de France.

DANTON, Georges Jacques (1759-1794) : homme politique français, ministre de la Justice, membre du Comité de salut public, il fut également le fondateur du Club des cordeliers et surtout le principal artisan de la Terreur. Mis en cause dans l'affaire de la liquidation de la Compagnie des Indes, il fut guillotiné en 1794 avec la plupart de ses partisans. Danton était membre de la loge parisienne des « Neuf Sœurs ».

DEFFERRE, Gaston (1910-1986) : avocat de formation, il fut le directeur de rédaction du quotidien *La Provence* avant de s'engager en politique. Membre de l'Assemblée consultative provisoire entre 1944 et 1945, il entre à l'Assemblée nationale en 1946 pour ne plus la quitter. Maire emblématique de la ville de Marseille, il fut également plusieurs fois ministre sous la IVe République et bien sûr le ministre de l'Intérieur de la décentralisation puis de l'Aménagement du territoire pendant le premier septennat de François Mitterrand.

DEMILLE, Cecil B. (1881-1959) : réalisateur et producteur américain, véritable pilier des studios hollywoodiens en son temps. On lui doit entre autres les fabuleux *Dix commandements*.

DIDEROT, Denis (1713-1784) : écrivain philosophe français, l'auteur du *Neveu de Rameau* et de *Jacques le fataliste* était, comme Danton, membre de la loge des « Neuf Sœurs ». D'une curiosité insatiable, il mit cette caractéristique de sa personnalité au service du plus grand nombre puisqu'il dirigea avec son ami d'Alembert, lui aussi franc-maçon, la rédaction de l'*Encyclopédie*.

DOUMER, Paul (1857-1932) : pénultième président de la IIIe République, il fut également le vénérable de la loge « Voltaire » et surtout membre du conseil de l'ordre du Grand Orient de France.

DOYLE, Arthur Conan (1859-1930) : initié à la *Phœnix Lodge* de Portsmouth en 1886, le père de Sherlock Holmes aurait, selon les initiés, fait de son héros un franc-maçon.

DUMOURIEZ, Charles François DU PÉRIER, dit (1739-1823) : général d'Empire, il fut aux dépens d'un autre frère, le duc de Brunswick, le grand gagnant de la bataille de Valmy.

DUNANT, Jean Henri (1828-1910) : philanthrope suisse, il œuvra, après avoir assisté au spectacle horrible des blessés de la bataille de Solferino, à la rédaction et la signature de la convention de Genève et créa par la suite la Croix-Rouge pour venir en aide aux malheureux. Il fut récompensé de son travail en 1901 par le prix Nobel de la paix.

ÉDOUARD VII (1841-1910) : roi d'Angleterre, il fut le grand maître de la Loge unie d'Angleterre.

ÉDOUARD VIII (1894-1972) : roi d'Angleterre resté célèbre pour avoir abdiqué par amour moins d'un an après son accession au trône. Il fut initié en 1919 à la *Household Lodge* et devint par la suite grand maître de la Grande Loge d'Écosse.

ELLINGTON, Edward Kennedy, dit Duke (1899-1974) : pianiste, compositeur et chef d'un des plus fameux orchestres de jazz américain, il était lui aussi franc-maçon et fut initié à la loge « Prince Hall ».

ÉON, Charles DE BEAUMONT, chevalier d' (1728-1810). Cet agent secret de Louis XV est passé à la postérité pour s'être pendant longtemps fait passer pour une femme. Il fut initié dans la loge française de Londres « Immortalité ».

FAIRBANKS, Douglas (1883-1939) : acteur américain de cinéma, star du cinéma muet. Il fut avec son ami Charlie Chaplin l'un des fondateurs des « Artistes associés », syndicat d'acteurs qui propulsera plus tard l'acteur de série B Ronald Reagan sur le devant de la scène politique.

FAURE, Félix (1841-1899) : sixième président de la IIIe République française de 1895 à 1899, il renforça l'alliance entre la France et la Russie, acheva la colonisation de Madagascar et surtout se montra très hostile à la révision du procès du malheureux capitaine Dreyfus. Havrais d'origine, il fut initié à la loge locale de « l'Aménité » dont il fut membre jusqu'à sa mort dans des conditions suspectes.

FERRY, Jules (1832-1893) : cet avocat de formation a surtout brillé par son engagement politique. Membre du gouvernement de défense nationale en 1870, il occupa par la suite de nombreuses fonctions ministérielles dont celle de ministre de l'Instruction publique. En tant que tel on lui doit la grande réforme de l'éducation qui donna naissance à l'école pour tous. Jules Ferry était bien sûr franc-maçon et fut initié à la loge de la Clémente Amitié.

FLEMING, sir Alexander (1881-1955) : médecin et bactériologiste anglais, il découvrit la pénicilline et ses vertus bactéricides. Il reçut en 1945 le prix Nobel de médecine avec Chain et Florey qui avaient repris ses travaux. Vénérable maître de la *Santa Maria Lodge*, il soutenait que la maçonnerie était « le balancier des États-Unis ».

FORD, Gerald (1913-2006) : 38e président des États-Unis, il s'était fait connaître en devenant membre de la commission Warren. Initié à la *Malta Lodge* de Grand Rapids dans le Michigan, il reçut les grades de compagnon et de maître à la *Columbia Lodge* de Washington.

FORD, Henry (1863-1947) : pionnier de l'automobile, il fut le premier industriel du secteur à diffuser à grande échelle sa fameuse « Ford T ».

FRANKLIN, **Benjamin** (1706-1790) : physicien, pamphlétaire et homme politique américain, il est l'une des figures de l'Indépendance américaine. Initié à la loge de Philadelphie, il fut sollicité par Thomas Jefferson pour aller quérir l'aide française sur place et devint dans l'Hexagone le vénérable de la loge des « Neuf Sœurs ». À Paris, il rencontra Mirabeau avec qui il collabora et les futurs leaders de la Révolution, Danton et Robespierre. Il obtint de Louis XVI une aide financière et militaire. De retour en Amérique, il rédigea la Constitution fédérale qui entra en vigueur en 1787.

FRÉDÉRIC **II le Grand** (1712-1786) : roi de Prusse de 1740 à sa mort, il fut l'archétype du monarque éclairé, attiré par les lettres, les beaux-arts mis en avant à l'époque par les Lumières ; toutefois il ne parvint jamais à appliquer ses belles théories dans son royaume. Il fut initié en 1738 à la loge de Brunswick et fit autoriser la franc-maçonnerie dans son pays par des lettres patentes de 1774.

FRÉDÉRIC **III** (1831-1888) : roi de Prusse, initié par son père en 1853, il prit après la mort de celui-ci le titre de « grand protecteur de la maçonnerie ».

GABLE, **Clark** (1901-1960) : acteur américain de cinéma, il fut l'une des figures les plus marquantes des studios hollywoodiens.

GAMBETTA, **Léon** (1838-1882) : homme politique français, il participa à la chute du troisième Empire et la création de la IIIe République. Initié à la loge de « la Réforme » à Marseille, il resta au grade d'apprenti toute sa vie.

GARIBALDI, **Giuseppe** (1807-1882) : député de Rome, il reste aujourd'hui encore la figure emblématique de l'unification italienne et donc le père de l'Italie moderne. Il devint en 1864 le grand maître de la maçonnerie italienne après avoir été le premier grand maître général du rite de Memphis-Misraïm.

GILLETTE, **King C.** (1855-1932) : comme beaucoup d'inventeurs et de grands industriels, le créateur du rasoir du même nom fut un grand franc-maçon.

GLENN, **John** (1921-) : premier astronaute américain à avoir pris part à un vol spatial habité (Mercury) en 1962, il fut rappelé en 1998 par la NASA pour devenir cette fois l'homme le plus âgé à aller dans l'espace (Discovery). Il est membre de la *Concord Lodge* de New Concord dans l'Ohio.

GOETHE, **Johann Wolfgang** VON (1749-1832) : le grand poète et philosophe allemand, reconnu comme précurseur du mouvement romantique, fut initié en 1780 à la loge « Amalia zu den drei Rosen » de Weimar dépendant de la Stricte Observance templière germanique. Par la suite, Goethe rejoignit les « Illuminatis » de Bavière.

GUILLOTIN, **Joseph Ignace** (1738-1814) : médecin anatomiste et homme politique français, il est l'inventeur de la tristement célèbre guillotine dont il ne voulait pas qu'elle porte son nom. Il fut, ironie du sort, de la loge parisienne de « la Concorde ».

HARDY, **Oliver** (1892-1957) : acteur américain, véritable figure emblématique du cinéma muet, il était tout comme son compère Stanley Laurel (1890-1965) un franc-maçon convaincu.

HAYDN, **François Joseph** (1732-1809) : compositeur autrichien, il fut initié en 1785 à la loge de « la Vraie Concorde ».

HELVÉTIUS, **Claude Adrien** (1715-1771) : philosophe, il était membre de la loge des « Neuf Sœurs ». Voltaire, lors de son initiation, se vit d'ailleurs remettre le tablier de celui-ci. La légende raconte même que, terriblement ému, le philosophe français l'aurait porté à ses lèvres pour le baiser respectueusement.

HOUDINI, **Harry** (1874-1926) : le plus célèbre illusionniste de l'histoire, connu pour ses spectaculaires évasions, avait choisi d'entrer en maçonnerie. Preuve s'il en faut que la maçonnerie est aussi synonyme de liberté.

HOUDON, Jean Antoine (1741-1828) : l'un des plus célèbres statuaires français, il était comme nombre d'artistes et intellectuels membre de la loge parisienne des « Neuf Sœurs ».

HUGO, Joseph Léopold Sigisbert (1773-1828) : général de Napoléon Bonaparte et père de Victor, l'un des plus grands écrivains français, il était membre de la loge parisienne des « Amis de l'Honneur français ».

HUSSEIN de Jordanie (1935-1999) : Roi de Jordanie, troisième souverain hachémite à régner sur le pays. Il fut l'un des grands artisans de la paix au proche et moyen orient.

JOFFRE, Joseph (1852-1931) : maréchal de France, également membre de l'Académie française, celui qui fut l'un des grands vainqueurs de la Grande Guerre faisait partie, clin d'œil à l'histoire, de la loge parisienne « Alsace-Lorraine ».

KIPLING, Rudyard (1865-1936) : poète et romancier anglais né à Bombay en Inde, il fut initié à la loge « Hope and Perseverance » de la ville de Lahore (Pakistan), alors située en Inde.

LACLOS, Pierre CHODERLOS DE (1741-1803) : officier, aristocrate et libertin célèbre du XVIIIe siècle, devenu illustre pour avoir écrit *Les Liaisons dangereuses*. Il fut le secrétaire de Philippe Égalité, le duc d'Orléans, lorsque ce dernier fut grand maître du Grand Orient puis devint vénérable de la loge militaire « l'Union » au corps d'artillerie de Toul.

LA FAYETTE, Marie Joseph (1757-1834) : marquis, général et homme politique français, grand artisan de l'Indépendance américaine, il fut initié à la loge parisienne de « la Candeur » avant d'intégrer, pendant sa campagne outre-Atlantique, la loge militaire « Union américaine » (1777) puis celle de « Saint-Jean d'Écosse du Contrat social » à son retour dans l'Hexagone.

LAKANAL, Joseph (1762-1845) : membre du Directoire, il est l'un de ceux qui votèrent la mort de Louis XVI. On lui doit surtout la création du Muséum d'histoire naturelle et des écoles qui s'y rattachent. Il fut contraint de choisir l'exil à la chute de l'Empire.

LAMBALLE, Marie-Thérèse Louise de SAVOIE-CARIGNAN, princesse DE (1749-1792) : fondatrice de la loge d'adoption de «la Candeur», elle fut par la suite promue vénérable maîtresse de la mère loge écossaise d'adoption puis grande maîtresse de toutes les loges féminines écossaises régulières de France en 1780. Malheureusement trop proche de la reine Marie-Antoinette, elle fut arrêtée et jugée en 1792. Élargie contre la volonté du peuple, elle en subit les conséquences. Prise à parti par la foule, elle fut lynchée, éventrée et décapitée avant que les révolutionnaires ivres de rage portent sa tête au bout d'une pique en criant : «À bas l'Autrichienne!»

LA PÉROUSE, Jean-François de GALAUP, comte DE (1741-1788) : navigateur et explorateur, il mena de nombreuses expéditions notamment vers le Pacifique. Maçon, il fut initié dix ans avant sa mort à la loge brestoise de «l'Heureuse Rencontre».

LAVOISIER, Antoine Laurent DE (1743-1794) : chimiste célèbre, c'est à lui que l'on doit le fameux principe «Rien ne se perd, rien ne se crée, tout se transforme».

LINCOLN, Abraham (1809-1865) : président des États-Unis. Ses déclarations antiesclavagistes provoquèrent en son pays un scandale sans précédent, véritable déclencheur de la guerre de Sécession (1861-1865). Il fut assassiné au lendemain de la guerre par un sudiste fanatique.

LINDBERGH, Charles (1902-1974) : aviateur américain, il fut le premier à relier l'ancien au nouveau continent sans escale, à bord de son *Spirit of Saint Louis* en 33 heures et un peu plus de 30 minutes les 20 et 21 mai 1927. Il fut initié peu avant son exploit à la *Keystone Lodge* du Missouri.

LIPTON, Thomas, sir (1850-1931) : grand négociant anglais de thé, il fit fortune dans ce type de commerce en ayant recours à la publicité. Véritable pionnier dans le domaine, il contribua largement à en répandre l'utilisation en Europe.

LISZT, Ferenc dit Franz (1811-1886) : pianiste et compositeur hongrois. Il fut initié en 1841 à la loge *Einigkeit* de Francfort.

LITTRÉ, Émile (1801-1881) : médecin de formation, il fut également philosophe, lexicologue, membre de l'Académie française et homme politique. Auteur et éditeur du célèbre dictionnaire, il était également membre de la loge des « Neuf Sœurs ».

LUMIÈRE, Louis B. (1864-1948) : chimiste et industriel français, il fut l'inventeur du cinématographe en 1895 et de la plaque autochrome, le premier procédé de photographie couleur en 1903.

MCADAM, John (1756-1836) : ingénieur écossais, il est l'inventeur du revêtement routier qui porte son nom.

MICHEL, Clémence Louise (1833-1905) : révolutionnaire française, elle fut, sous le sobriquet de « la Pétroleuse », l'une des figures de la Commune avant d'être emprisonnée et déportée en Nouvelle-Calédonie. De retour en métropole en 1885, elle reprit son combat en faveur de la liberté et parfois même de l'anarchie. Maçonne, elle avait été initiée en 1904 à la loge « la Philosophie sociale » de la Grande Loge symbolique écossaise mixte. Au Droit humain, une loge porte aujourd'hui son nom.

MOLLET, Guy (1905-1975) : professeur d'anglais de formation, Mollet se lança très tôt en politique. D'abord secrétaire général de la SFIO, il devint par la suite maire d'Arras avant d'épouser la cause européenne dès 1954 en devenant président de l'Assemblée consultative du Conseil de l'Europe puis de la commission des affaires générales de ce même conseil. Celui qui reste l'une des grandes figures du socialisme français avait été initié à la loge de « la Conscience à l'Or » de sa ville.

MONGE, Gaspard (1746-1818) : mathématicien français, pionnier de la géométrie descriptive, il fut un révolutionnaire convaincu. Gaspard Monge reste avant tout célèbre pour avoir initié la création de deux des plus grandes écoles françaises de renommée mondiale : Polytechnique et Normale.

MONTESQUIEU, Charles DE SEGONDAT, baron DE LA BRÈDE ET DE (1689-1755) : écrivain, auteur des *Lettres persanes*, il était évidemment membre de l'Académie française. Il fut initié par le duc de Norfolk à la *Horn Lodge* de Londres.

MOULIN, Jean (1899-1943) : véritable icône de la Résistance française, il fut le premier président du Conseil national de la Résistance. Il fut livré aux Allemands en 1943. Torturé par la Gestapo, il succomba à ses blessures lors de son transfert vers l'Allemagne. Sa dépouille fut accueillie en 1965 au Panthéon par le célèbre discours d'André Malraux dont les premiers mots résonnent encore : « Entre ici, Jean Moulin, avec ton terrible cortège. Avec ceux qui sont morts dans les caves sans avoir parlé, comme toi ; et même, ce qui est peut-être plus atroce, en ayant parlé... »

MOZART, Wolfgang Amadeus (1756-1791) : autrichien, il fut peut-être le plus grand ou en tout cas le plus connu de tous les compositeurs classiques. Toutes ses œuvres sont désormais célèbres mais les dernières comme *La Flûte enchantée* ou le *Requiem*, composées à Vienne, la ville où il fut initié, sont indéniablement empreintes d'une inspiration maçonnique. Mozart était membre de la loge de « la Bienfaisance ».

MUSTAFA KEMAL PACHA (1881-1938) : dit Kemal Atatürk, le « père des Turcs », il est le grand artisan de l'indépendance turque, de la naissance de la République et de la laïcisation du pays. En résumé, il est le père de la Turquie moderne.

NEY, Michel (1769-1815) : duc d'Elchingen, prince de la Moskova, maréchal de France, Ney était sans aucun doute le plus valeureux et le plus fidèle parmi les proches de Bonaparte.

Dégradé, jugé et fusillé à la suite du retour de Louis XVIII, le maréchal Moncey qui devait présider son Conseil de Guerre, refusa cette charge en raison de leur appartenance commune à la franc-maçonnerie. En effet le maréchal Ney avait été initié à la loge « Saint Jean de Jérusalem » à Nancy.

Peary, **Robert Edwin** (1856-1920) : explorateur peu connu mais cependant très important par la nature de ses découvertes. Il fut l'un des pionniers en termes d'exploration de l'océan arctique et fut même le premier à atteindre le pôle Nord en 1909.

Pouchkine, **Alexandre** (1799-1837) : certainement l'un des plus talentueux si ce n'est le plus connu des poètes russes. Il fut initié en 1821 à la loge « Ovide ».

Robinson, **Walker** Smith, **dit Ray Sugar** (1920-1989) : boxeur américain, plusieurs fois champion du monde, il fut un véritable artiste du ring.

Roosevelt, **Franklin Delano** (1882-1945) : quatre fois président des États-Unis, il fut avec Winston Churchill, un frère, l'un des grands artisans si ce n'est le principal de la victoire des Alliés sur les nazis. Initié à la *Holland Lodge* de New York en 1911, il devint maître en moins d'un an et accéda par la suite aux hauts grades du rite écossais ancien et accepté.

Rouget de Lisle, **Claude** (1760-1836) : alsacien d'origine, cet officier du génie en garnison à Strasbourg, membre de la loge des « Frères discrets » de Charleville, s'illustra par ses compositions musicales. En effet, en 1792, il compose le *Chant de guerre pour l'armée du Rhin*, qui deviendra par la suite l'hymne national français sous le nom de *La Marseillaise*.

Sade, **Donatien Alphonse François, comte** de (1740-1814) : le marquis le plus connu et le plus immoral de la littérature française fut initié en 1780.

Saxe-Cobourg Gotha, **Léopold** (1790-1865) : roi des Belges sous le nom de Léopold Ier, il aurait été initié selon l'obscur principe de communication à la loge berlinoise « Zur Hoffnung ».

SCHOELCHER, Victor (1804-1893) : homme politique français, il est l'un de ceux qui ont fait adopter le décret sur l'abolition de l'esclavage dans les colonies.

SCOTT, Walter (1771-1832) : romancier et poète anglais, il est l'auteur du célébrissime *Ivanhoé* et de *Quentin Durward* dont les qualités eurent une influence certaine sur les romantiques français et du monde entier. Maçon convaincu, il refusa malgré tout la grande maîtrise du *Royal Grand Conclave of Knights Templar* d'Écosse, vraisemblablement pour des raisons de santé.

SELLERS, Peter (1925-1980) : acteur britannique de cinéma, bien connu pour son rôle dans *La Panthère rose* ou *Le Cerveau* au côté de Jean-Paul Belmondo pour les Français. Il était membre de la *Chelsea Lodge* de Londres.

SIEYÈS, Emmanuel Joseph (1748-1836) : membre du Directoire puis consul. Son attrait pour le monde littéraire et les différentes incursions qu'il y fit lui valurent de siéger à l'Académie française. Comme nombre des intellectuels de son temps, il était membre de la loge parisienne des «Neuf Sœurs».

STENDHAL, Henri BEYLE, dit (1783-1842) : officier de carrière, il était écrivain à ses heures. En effet, l'auteur de *La Chartreuse de Parme* et du *Rouge et le Noir* n'était que modérément apprécié de son temps. Il était membre de la loge «Sainte Caroline».

SURCOUF, Robert (1773-1827) : le célèbre corsaire malouin était, aussi bizarre que cela puisse paraître, un membre très actif de la loge de la «Triple Essence» de Saint-Malo.

SWIFT, Jonathan (1667-1745) : l'écrivain irlandais auteur des *Voyages de Gulliver* était inscrit à l'Orient de Belfast.

TALLEYRAND-PÉRIGORD, Charles Maurice DE (1754-1838) : d'abord homme d'Église, Talleyrand ne donna que sept messes en tant qu'évêque d'Autun. Entré en politique, il fut le ministre des

Affaires étrangères de Napoléon. Surnommé le « Diable boiteux », il resta d'un point de vue maçonnique un simple apprenti toute sa vie malgré une initiation précoce à la loge « l'Impériale des Francs Chevaliers ».

TAYLOR, **Isidore** (1789-1879) : né à Bruxelles, cet esthète français fut tour à tour commissaire royal de la Comédie-Française, lieutenant grand commandeur du Suprême Conseil de France et bien sûr administrateur des Beaux-Arts, en qualité de quoi il fit transporter l'obélisque de Louxor à Paris.

TRUMAN, **Harry S.** (1884-1972) : successeur du président F. D. Roosevelt, il prit la présidence des États-Unis pour, dans un premier temps, recevoir les fruits du travail de son prédécesseur et lancer le salvateur plan Marshall. Pourtant, il n'en serait pas toujours de même. Dans le Pacifique, le conflit qui opposait l'Amérique aux Japonais s'éternisait et c'est à lui que revint la lourde charge de déclencher la première et toujours unique attaque nucléaire de l'histoire sur Hiroshima et Nagasaki (6 et 9 août 1945). Pire, c'est encore lui qui lança les GI américains dans une guerre de Corée qui se révéla un véritable bourbier.

TWAIN, **Mark** (1835-1910) : écrivain et humoriste américain à succès, il est entre autres le père du célèbre *Huckleberry Finn* dont les aventures ont fait rêver des générations d'enfants jusqu'à nos jours. Natif de la Louisiane, il fut initié dans la *Polar Lodge* de Saint Louis.

VALLÈS, **Jules** (1832-1885) : révolutionnaire mais avant tout écrivain, l'auteur de *L'Argent* était membre de la loge écossaise de Paris « la Justice ».

VOLTAIRE, **François Marie AROUET, dit** (1694-1778) : écrivain et philosophe français, il fut l'un des personnages les plus écoutés et les plus importants de son temps. Auteur par exemple du fameux *Candide*, il resta toute sa vie membre de la loge où il avait été initié sur le tard, celle des « Neuf Sœurs ».

WASHINGTON, **George** (1732-1799) : premier président des États-Unis, il est celui que l'on représente en général tenant la déclaration d'Indépendance. Maçon convaincu, presque militant, il avait été initié dans la loge de Fredericksburg en Virginie.

WELLINGTON, **Arthur Wellesley, 1er duc DE** (1769-1852) : le futur Premier ministre du royaume qui infligea, à Waterloo, la fatale défaite que l'on connaît, avait baigné dans l'univers maçonnique dès sa plus tendre enfance puisqu'il était le fils du grand maître de la Grande Loge d'Irlande. Lui-même fut initié dans la loge qui portait son nom, à savoir la *Wellesley Family Lodge* de l'Orient de Trim.

WILDE, **Oscar** (1854-1900) : irlandais de souche, ce brillant écrivain, grand amateur des arts en général, dut s'expatrier en France pour fuir l'homophobie de ses compatriotes. Il fut initié à la loge Apollo de l'Orient d'Oxford, mais il n'existe aucune trace de son inscription auprès d'une quelconque obédience hexagonale.

Annexes

Échelles de rites

Échelle du rite écossais ancien et accepté

Atelier	Degré	Grade
Loges bleues	1er	Apprenti
	2e	Compagnon
	3e	Maître
Loges de perfection	4e	Maître secret
	5e	Maître parfait
	6e	Secrétaire intime
	7e	Prévôt et juge
	8e	Intendant des bâtiments
	9e	Maître élu des neuf
	10e	Illustre élu des quinze
	11e	Sublime chevalier élu
	12e	Grand maître architecte
	13e	Royale arche
	14e	Grand élu de la Voûte sacrée
Chapitres	15e	Chevalier d'Orient et de l'Épée
	16e	Prince de Jérusalem
	17e	Chevalier d'Orient et d'Occident
	18e	Souverain prince rose-croix
Aréopages	19e	Grand pontife ou sublime Écossais
	20e	Vénérable grand maître de toutes les loges
	21e	Noachite ou chevalier prussien
	22e	Royale hache ou prince du Liban
	23e	Chef du tabernacle
	24e	Prince du tabernacle
	25e	Chevalier du Serpent d'airain
	26e	Écossais trinitaire ou prince de merci
	27e	Grand commandeur du Temple
	28e	Chevalier du Soleil
	29e	Grand Écossais de Saint-André d'Écosse
	30e	Grand élu chevalier Kadosh
Tribunaux	31e	Grand inspecteur inquisiteur commandeur
Consistoires	32e	Sublime prince de Royal Secret
Suprême Conseil	33e	Souverain grand inspecteur général

Échelle du rite français traditionnel

Atelier	Degré	Grade
Loges bleues	1er 2e 3e	Apprenti Compagnon Maître
Premier ordre de rose-croix	4e	Maître élu
Second ordre de rose-croix	5e	Maître écossais
Troisième ordre de rose-croix	6e	Chevalier rose-croix
Rose-croix	7e	Souverain prince rose-croix

Échelle du rite écossais rectifié

Atelier	Degré	Grade
Loges bleues	1er 2e 3e 4e	Apprenti Compagnon Maître maçon Maître écossais de Saint-André
Ordre intérieur	4e 5e	Écuyer novice Chevalier bienfaisant de la Cité sainte
Profession (classe secrète)	6e 7e	Profès Grand profès

Échelle du rite Émulation

Atelier	Degré	Grade
Loges bleues	1er 2e 3e	Apprenti Compagnon Maître
Chapitres de l'Arche royale	4e 5e 6e 7e	Maçon de la Marque Passé maître Très excellent maître Sainte Arche royale

Échelle du rite de Memphis-Misraïm

Atelier	Degré	Grade
Loges bleues	1er	Apprenti
	2e	Compagnon
	3e	Maître
Collège de perfection	4e	Maître secret
	5e	Maître parfait
	6e	Secrétaire intime
	7e	Prévôt et juge
	8e	Intendant des bâtiments
	9e	Maître élu des neuf
	10e	Illustre élu des quinze
	11e	Sublime chevalier élu
	12e	Grand maître architecte
	13e	Royale Arche
	14e	Grand élu de la Voûte sacrée, dit Jacques VI ou sublime maçon
Chapitre	15e	Chevalier d'Orient ou de l'Épée
	16e	Prince de Jérusalem
	17e	Chevalier d'Orient et d'Occident
	18e	Souverain prince rose-croix
Sénat	19e	Grand pontife ou sublime Écossais dit de la Jérusalem céleste
	20e	Chevalier du Temple
	21e	Noachite ou chevalier prussien
	22e	Chevalier du Royal Arche ou prince du Liban
	23e	Chef du tabernacle
	24e	Prince du tabernacle
	25e	Chevalier du Serpent d'airain
	26e	Écossais trinitaire ou prince de merci
	27e	Grand commandeur du Temple
	28e	Chevalier du Soleil ou prince adepte
	29e	Grand Écossais de Saint-André d'Écosse, prince de la Lumière
Aréopage et tribunal	30e	Grand élu chevalier Kadosch, dit chevalier de l'Aigle blanc et noir
	31e	Grand inspecteur inquisiteur commandeur

	32ᵉ	Sublime prince de Royal Secret
	33ᵉ	Souverain grand inspecteur général
Grand consistoire	34ᵉ	Chevalier de Scandinavie
	35ᵉ	Sublime commandeur du Temple
	36ᵉ	Sublime Negociate
	37ᵉ	Chevalier de Shota (adepte de la Vérité)
	38ᵉ	Sublime élu de la Vérité
	39ᵉ	Grand élu des Éons
	40ᵉ	Sage sivaïste (sage parfait)
	41ᵉ	Chevalier de l'Arc-en-Ciel
	42ᵉ	Prince de la Lumière
	43ᵉ	Sublime sage hermétique
	44ᵉ	Prince du Zodiaque
	45ᵉ	Sublime sage des Mystères
	46ᵉ	Sublime pasteur des Huts
	47ᵉ	Chevalier des Sept Étoiles
	48ᵉ	Sublime gardien du Mont sacré
	49ᵉ	Sublime sage des Pyramides
	50ᵉ	Sublime philosophe de Samothrace
	51ᵉ	Sublime titan du Caucase
	52ᵉ	Sage du Labyrinthe
	53ᵉ	Chevalier du Phœnix
	54ᵉ	Sublime Scalde
	55ᵉ	Sublime docteur orphique
	56ᵉ	Pontife de Cadmée
	57ᵉ	Sublime mage
	58ᵉ	Prince Brahmine
	59ᵉ	Grand pontife de l'Ogygie
	60ᵉ	Sublime gardien des Trois Feux
	61ᵉ	Sublime philosophe inconnu
	62ᵉ	Sublime sage d'Éleusis
	63ᵉ	Sublime Kawi
	64ᵉ	Sage de Mithra
	65ᵉ	Patriarche grand installateur
	66ᵉ	Patriarche grand consécrateur
	67ᵉ	Patriarche grand eulogiste
	68ᵉ	Patriarche de la Vérité
	69ᵉ	Chevalier du Rameau d'or d'Éleusis
	70ᵉ	Patriarche des Planisphères
	71ᵉ	Patriarche des Védas sacrés
Grand Conseil	72ᵉ	Sublime maître de la Sagesse
	73ᵉ	Docteur du Feu sacré

	74ᵉ	Sublime maître du Sloka
	75ᵉ	Chevalier de la Chaîne lybique
	76ᵉ	Patriarche d'Isis
	77ᵉ	Sublime chevalier Théosophe
	78ᵉ	Grand pontife de la Thébaïde
	79ᵉ	Chevalier du Sadah redoutable
	80ᵉ	Sublime élu du Sanctuaire
	81ᵉ	Patriarche de Memphis
	82ᵉ	Grand élu du Temple de Midgard
	83ᵉ	Sublime chevalier de la Vallée d'Oddy
	84ᵉ	Docteur des Izeds
	85ᵉ	Sublime maître de l'Anneau lumineux
	86ᵉ	Pontife de Sérapis
	87ᵉ	Sublime prince de la Maçonnerie
	88ᵉ	Grand élu de la Cour sacrée
	89ᵉ	Patriarche de la Citée mystique
	90ᵉ	Patriarche sublime maître du Grand Œuvre
Grand tribunal	91ᵉ	Sublime patriarche grand défenseur de l'Ordre
Grand Temple mystique	92ᵉ	Sublime Cathéchrist
	93ᵉ	Grand inspecteur régulateur général
	94ᵉ	Sublime patriarche de Memphis
Souverain sanctuaire	95ᵉ	Sublime patriarche grand conservateur de l'Ordre
	96ᵉ	Substitut grand maître national, vice-président du souverain sanctuaire national
	97ᵉ	Grand maître national Président du souverain sanctuaire national
	98ᵉ	Substitut grand maître mondial, vice-président du souverain sanctuaire international
	99ᵉ	Sérénissisme grand maître mondial, grand hiérophante Président du souverain sanctuaire international

Tous les rites

Architecte de l'Afrique 1767
Chapitre de Clermont, 1754
Chevaliers bienfaisants de la cité sainte de Jérusalem, C∴B∴C∴S∴J∴
Conclave anglais du temple kadosh
Rite brésilien
Rite d'Adhoniramite
Rite d'adoption
Rite d'adoption de Cagliostro, R∴A∴C∴
Rite d'Heredom ou rite Perfection
Rite d'orient templier
Rite d'York ou maçonnerie de l'Arche royale
Rite de Cagliostro
Rite de Chastagnier, 1767, R∴C∴
Rite de Fessler
Rite de l'harmonie universelle
Rite de la liberté
Rite de la Palestine
Rite de Melesino
Rite de Memphis ou rite oriental
Rite de Misraïm ou rite judaïque
Rite de Pernety ou rite des illuminés d'Avignon
Rite de Pike
Rite de Schröder
Rite de sophisien
Rite de Swedenborg ou rite des illuminés de Stockholm
Rite des anciens maçons libres et acceptées, R∴A∴M∴L∴A∴
Rite des Anricistes, R∴A∴
Rite des chevaliers de l'étoile Polaire
Rite des chevaliers de la pure vérité
Rite des chevaliers des deux aigles, R∴C∴A∴
Rite des disciples d'Hermès
Rite des Écossais fidèles

Rite des élus Cohen, 1754
Rite des élus de la Vérité
Rite des Éons
Rite des frères
Rite des frères manichéens
Rite des frères noirs
Rite des invisibles
Rite des maîtres décorés ou rite des rigides observateurs
Rite des Noachites français
Rite des panthéistes ou Loge socratique
Rite des philalètes
Rite des xérophagistes
Rite du martinisme
Rite écossais ancien et accepté, 1796, R∴E∴A∴A∴
Rite écossais philosophique de la Mère Loge
Rite écossais philosophique, R∴E∴P∴
Rite écossais primitif de marchet de nivelle
Rite écossais réformé de grand maître
Rite écossais réformé de Tschoudy, 1766
Rite égyptien
Rite français ou rite moderne
Rite persan philosophique
Rite suédois

Les *Constitutions* d'Anderson

Les *Constitutions* d'Anderson sont sans conteste le texte fondamental de la franc-maçonnerie spéculative. Rédigées par un collectif regroupé sous la houlette du pasteur James Anderson, recteur de l'église presbytérienne de Piccadilly, elles étaient initialement destinées à régir les droits et les devoirs des membres de la nouvelle grande loge. Composées d'une première partie historique et d'une deuxième faisant état des obligations de l'initié, les *Constitutions* ne tardèrent pas à être connues de l'ensemble du monde maçonnique. Très décriées en ce qui concerne la première partie, pour la seconde elles s'imposèrent rapidement comme l'ouvrage de référence de la franc-maçonnerie.

Toutefois s'il est impossible de parler ici de la franc-maçonnerie et du symbolisme auquel elle a recours sans évoquer ces *Constitutions* d'Anderson, il faut faire attention à ne pas en faire LE texte de loi de la franc-maçonnerie.

Il faut également savoir qu'elles ont été non seulement remaniées à diverses reprises selon les besoins politiques et religieux des époques concernées (1738 et 1813) mais surtout qu'elles ont parfois mis plus de deux siècles à s'imposer hors des frontières du Royaume-Uni. Ainsi en France, la première traduction connue n'est entrée à la Bibliothèque nationale qu'en 1936.

I. *Concernant Dieu et la religion*

Un Maçon est obligé par sa tenure d'obéir à la Loi morale et s'il comprend bien l'Art, il ne sera jamais un athée stupide, ni un libertin irréligieux.

Mais, quoique dans les temps anciens les Maçons fussent astreints dans chaque pays d'appartenir à la religion de ce pays ou de cette nation, quelle qu'elle fût, il est cependant considéré maintenant comme plus expédient de les soumettre seulement à cette religion que tous les hommes acceptent, laissant à chacun son opinion particulière, et qui consiste à être des hommes bons et loyaux ou hommes d'honneur et de probité, quelles que soient les dénominations ou croyances qui puissent les distinguer ; ainsi, la Maçonnerie devient le centre d'union et le moyen de nouer une véritable amitié parmi des personnes qui eussent dû demeurer perpétuellement éloignées.

II. *Du Magistrat civil Suprême et Subordonné*

Un Maçon est un paisible sujet à l'égard des pouvoirs civils, en quelque lieu qu'il réside ou travaille, et ne doit jamais être mêlé aux complots et conspirations contre la paix et le bien-être de la nation, ni manquer à ses devoirs envers les magistrats inférieurs ; car la Maçonnerie a toujours pâti de la guerre, de l'effusion de sang et du désordre ; aussi les anciens rois et princes ont toujours été fort disposés à encourager les Frères, en raison de leur caractère pacifique et de leur loyauté par lesquelles ils répondaient en fait aux chicanes de leurs adversaires et défendaient l'honneur de la Fraternité qui fut toujours florissante dans les périodes de paix.

Aussi, si un Frère devenait rebelle envers l'État, il ne devrait pas être soutenu dans sa rébellion, quelle que soit la pitié que puisse inspirer son infortune ; et s'il n'est convaincu d'aucun autre crime, bien que la loyale confrérie ait le devoir et l'obligation de désavouer sa rébellion, pour ne provoquer aucune inquiétude ni suspicion politique de la part du gouvernement au pouvoir, il ne peut pas être chassé de la Loge et ses relations avec elle demeurent indissolubles.

III. *Des Loges*

Une Loge est un lieu où des Maçons s'assemblent pour travailler : d'où le nom de Loge qui est donné à l'Assemblée ou à la Société de Maçons régulièrement organisée, et l'obligation pour chaque Frère d'appartenir à l'une d'elles et de se soumettre à ses règlements particuliers ainsi qu'aux Règlements Généraux. La Loge est soit particulière, soit générale et plus on la fréquente, mieux on la comprend, de même que les Règlements de la Loge générale ou Grande Loge annexés ci- après.

Dans les temps anciens, aucun Maître ou Compagnon ne pouvait s'en absenter, spécialement lorsqu'il y avait été convoqué, sans encourir une sévère censure à moins que le Maître ou les Surveillants n'aient constaté qu'il en avait été empêché par une impérieuse nécessité.

Les personnes admises comme membres d'une Loge doivent être des hommes bons et loyaux, nés libres, ayant l'Âge de la maturité d'esprit et de la prudence, ni serfs ni femmes ni hommes immoraux ou scandaleux, mais de bonne réputation.

IV. *Des Maîtres, Surveillants, Compagnons et Apprentis*

Toute promotion parmi les Maîtres Maçons est fondée uniquement sur la valeur réelle et sur le mérite personnel; afin que les Seigneurs puissent être bien servis, que les Frères ne soient pas exposés à l'humiliation et que l'Art Royal ne soit point décrié: pour cela aucun Maître ou Surveillant n'est choisi à l'ancienneté, mais bien pour son mérite.

Il est impossible de dépeindre ces choses par écrit, chaque Frère doit rester à sa propre place et les étudier selon les méthodes particulières de cette Confrérie.

Tout ce que les candidats peuvent savoir c'est qu'aucun Maître n'a le droit de prendre un Apprenti s'il n'a pas un travail suffisant à lui fournir et s'il n'est pas un jeune homme parfait ne souffrant d'aucune mutilation ou tare physique qui puisse l'empêcher d'apprendre l'Art et de servir le Seigneur de son Maître et de devenir un Frère, puis un Compagnon en temps voulu après avoir durant le nombre d'années fixé par la coutume du pays; et s'il n'est issu de parents honnêtes; ceci afin qu'après avoir acquis les qualités requises il puisse parvenir à l'honneur d'être le Surveillant, puis le Maître de la Loge, le Grand Surveillant et enfin, selon son mérite, le Grand Maître de toutes les Loges.

Nul Frère ne peut être Surveillant avant d'avoir passé le degré de Compagnon ; ni Maître avant d'avoir occupé les fonctions de Surveillant ; ni Grand Surveillant avant d'avoir été Maître d'une Loge, ni Grand Maître s'il n'a pas été Compagnon avant son élection. Celui-ci doit être, en outre, de noble naissance ou Gentilhomme de bonnes manières ou quelque Savant éminent ou quelque Architecte distingué ou quelque autre Homme de l'Art d'une honnête ascendance et jouissant d'une grande Estime personnelle dans l'Opinion des Loges.

Et afin de pouvoir s'acquitter le plus utilement, le plus aisément et le plus honorablement de son Office, le Grand Maître détient le pouvoir de choisir son propre Député Grand Maître qui doit être alors ou avoir été précédemment le Maître d'une Loge particulière et qui a le Privilège d'agir comme le ferait le Grand Maître lui-même, son Commettant, sauf quand le dit Commettant est présent ou qu'il manifeste son Autorité par une Lettre.

Ces Administrateurs et Gouverneurs, supérieurs et subalternes de la Loge ancienne, doivent être obéis dans leurs Fonctions respectives par tous les Frères, conformément aux Anciennes Obligations et règlements, en toute humilité, révérence, amour et diligence.

V. De la Direction du Métier pendant le Travail

Tous les Maçons travailleront honnêtement pendant les jours ouvrables afin de profiter honorablement des jours de fête ; et l'horaire prescrit par la Loi du Pays ou fixé par la coutume sera respecté.

Le Compagnon Maçon le plus expert sera choisi ou délégué en qualité de Maître ou Surintendant des travaux du Seigneur ; ceux qui travaillent sous ses ordre l'appelleront Maître.

Les Ouvriers doivent éviter tout langage déplacé, et ne point se donner entre eux de sobriquets désobligeants, mais s'appeler Frère ou Compagnon ; et se conduire avec courtoisie à l'intérieur de la Loge.

Le Maître, confiant en son habileté, entreprendra les travaux du Seigneur aussi raisonnablement que possible et tirera parti des matériaux comme s'ils étaient à lui, ne donnant à aucun Frère ou Apprenti plus que le salaire qu'il mérite vraiment.

Le Maître et les Maçons recevant chacun leur juste salaire seront fidèles au Seigneur et achèveront leur Travail consciencieusement, qu'il soit à la tâche ou à la journée ; et ils n'effectueront pas à la tâche l'ouvrage qu'on a l'habitude de faire à temps.

Nul ne se montrera envieux de la prospérité d'un Frère ni ne le supplantera, ni ne l'écartera de son travail s'il est capable de le mener à bien ; car personne ne peut achever le travail d'autrui, à l'avantage du Seigneur, sans être parfaitement au courant des projets et conceptions de celui qui l'a commencé.

Quand un Compagnon Maçon est désigné comme Surveillant des Travaux sous la conduite du Maître, il sera équitable tant à l'égard du Maître que des Compagnons, surveillera avec soin le travail en l'absence du Maître dans l'intérêt du Seigneur ; et ses Frères lui obéiront.

Tous les Maçons employés recevront leur salaire uniment, sans Murmure ni Révolte, et ne quitteront pas le Maître avant l'achèvement du travail.

On instruira un Frère plus jeune dans le travail pour que les matériaux ne soient point gâchés par manque d'expérience et pour accroître et consolider l'amour Fraternel.

On n'utilisera dans le travail que les outils approuvés par la Grande Loge.

Aucun Manœuvre ne sera employé aux travaux propres à la Maçonnerie ; et les Francs-Maçons ne travailleront pas avec ceux qui ne sont pas francs, sauf nécessité impérieuse ; et ils n'instruiront ni les Manœuvres ni les Maçons non acceptés, comme ils instruiraient un Frère ou un Compagnon.

VI. *De la Conduite*

Dans la Loge quand elle est Constituée :

Vous ne devez pas tenir de Réunions privées, ni de conversations à part sans autorisation du Maître, ni parler de choses inopportunes ou inconvenantes ; ni interrompre le Maître, ou les Surveillants ni aucun Frère parlant au Maître ; ne vous conduisez pas non plus de manière ridicule ou bouffonne quand la Loge traite de choses sérieuses et solennelles ; et sous aucun prétexte n'usez d'un langage malséant ; mais manifestez à votre Maître, à vos Surveillants et à vos Compagnons la déférence qui leur est due et entourez-les de respect.

Si quelque plainte est déposée, le Frère reconnu s'inclinera devant le jugement et la décision de la Loge, qui est le seul Juge compétent pour tous ces différends (sous réserve d'Appel devant la Grande Loge), et c'est à elle qu'il doit être déféré, à moins que le travail d'un Seigneur ne risque d'en souffrir, dans lequel cas il serait possible de recourir à une procédure particulière ; mais les affaires Maçonniques ne doivent jamais être portées en justice, à moins d'absolue nécessité dûment constatée par la Loge.

Conduite après fermeture de la Loge et avant le départ des Frères :
Vous pouvez jouir d'innocents plaisirs, vous traitant réciproquement suivant vos moyens, mais en évitant tout excès et en n'incitant pas un Frère à manger ou à boire plus qu'il n'en a envie, en ne le retenant pas lorsque ses affaires l'appellent, en ne disant et en ne faisant rien d'offensant ou qui puisse interdire une conversation aisée et libre ; car cela détruirait notre harmonie, et ruinerait nos louables desseins.

C'est pourquoi aucune brouille ni querelle privée ne doit passer le seuil de la Loge, et moins encore quelque querelle à propos de la religion, des nations ou de la politique car comme Maçons nous sommes seulement de la religion Catholique mentionnée ci-dessus ; nous sommes aussi de toutes nations, idiomes, races et langages et nous sommes résolument contre toute politique comme n'ayant jamais contribué et ne pouvant jamais contribuer au bien-être de la Loge.

Cette obligation a toujours été strictement prescrite et respectée ; surtout depuis la réforme en Grande-Bretagne, ou la séparation et la sécession de ces nations de la communion de Rome.

Conduite quand les Frères se rencontrent sans présence étrangère mais hors d'une Loge Constituée :

Vous devez vous saluer réciproquement de manière courtoise, comme on vous l'enseignera, vous appelant mutuellement Frère, échangeant librement les instructions que vous jugerez utiles, sans être vus ni entendus, sans prendre le pas l'un sur l'autre, ni manquer aux marques de respect qui seraient dues à un Frère, s'il n'était pas Maçon : car quoique les Maçons en tant que Frères soient tous sur un pied d'égalité, la Maçonnerie ne prive pas un homme des honneurs auxquels il avait droit auparavant ; bien au contraire, elle ajoute à ces honneurs, spécialement lorsqu'il a bien mérité de la fraternité qui se plaît à honorer ceux qui le méritent et à proscrire les mauvaises manières.

Conduite en présence d'Étrangers non Maçons :
Vous serez circonspects dans vos propos et dans votre comportement, pour que l'étranger le plus perspicace ne puisse découvrir ni deviner ce qu'il ne doit pas connaître, et vous aurez parfois à détourner la conversation et à la conduire prudemment pour l'honneur de la vénérable fraternité.

Conduite chez vous et dans votre entourage :
Vous devez agir comme il convient à un homme sage et de bonnes mœurs ; en particulier n'entretenez pas votre famille, vos amis et voisins des affaires de la Loge, etc., mais soyez particulièrement soucieux de votre propre honneur, et de celui de l'ancienne fraternité, ceci pour des raisons qui n'ont pas à être énoncées ici.

Ménagez aussi votre santé en ne restant pas trop tard ensemble ou trop longtemps dehors, après les heures de réunion de la Loge ; et en évitant les excès de chair ou de boisson, afin que vos familles ne souffrent ni désaffection ni dommage, et que vous-même ne perdiez pas votre capacité de travail.

Conduite envers un Frère étranger :
Vous devez l'éprouver consciencieusement de la manière que la prudence vous inspirera, afin de ne pas vous en laisser imposer par un Imposteur ignorant, que vous devez repousser avec mépris et dérision, en vous gardant de lui dévoiler la moindre connaissance.

Mais si vous le reconnaissez comme un Frère authentique et sincère, vous devez lui prodiguer le respect qu'il mérite ; et s'il est dans le besoin, vous devez le secourir si vous le pouvez, ou lui indiquer comment il peut être secouru : vous devez l'employer pendant quelques jours ou le recommander pour qu'on l'emploie.

Vous n'êtes pas obligé de faire plus que vos moyens ne vous le permettent mais seulement dans des circonstances identiques, de donner la préférence à un Frère pauvre, qui est un homme bon et honnête, avant toute autre Personne dans le besoin.

Enfin, toutes ces Obligations doivent être observées par vous, de même que celles qui vous seront communiquées d'autre manière ; cultivez l'amour fraternel, fondement et clé de voûte, ciment et gloire de cette ancienne fraternité, repoussez toute dispute et querelle, toute calomnie et médisance, ne permettez pas qu'un Frère honnête soit calomnié, mais défendez sa réputation, et fournissez-lui tous les services que vous pourrez, pour autant que cela soit compatible avec votre honneur et votre sûreté, et pas au-delà.

Et si l'un d'eux vous fait tort, vous devez recourir à votre propre Loge ou à la sienne, ensuite vous pouvez en appeler à la Grande Loge en assemblée trimestrielle, et ensuite à la Grande Loge annuelle, selon l'ancienne et louable coutume de nos ancêtres dans chaque nation ; n'ayez jamais recours à un procès en justice sinon quand l'affaire ne peut pas être tranchée autrement, et écoutez patiemment les Conseils du Maître et des Compagnons lorsqu'ils veulent vous éviter de comparaître en justice avec des profanes ou vous inciter à mettre un terme rapide à toutes procédures, ceci afin que vous puissiez vous occuper des affaires de la Maçonnerie avec plus d'alacrité et de succès ; mais en ce qui concerne les Frères ou Compagnons en procès, le Maître et les Frères doivent offrir bénévolement leur médiation, à laquelle les Frères en opposition doivent se soumettre avec gratitude ; et si cet arbitrage s'avère impraticable, ils doivent alors poursuivre leur Procès ou Procédure Légale, sans aigreur ni rancune (contrairement à l'ordinaire) en ne disant et en ne faisant rien qui puisse altérer l'amour fraternel, et les bonnes relations doivent être renouées et poursuivies ; afin que tous puissent constater l'influence bienfaisante de la Maçonnerie, ainsi que tous les vrais Maçons l'ont fait depuis le commencement du Monde et le feront jusqu'à la fin des temps.

AMEN. AINSI SOIT-IL.

Les modifications de 1738 et 1813

À deux reprises, les instances dirigeantes de la maçonnerie anglaise, à savoir les grands maîtres de la Grande Loge d'Angleterre d'abord et ensuite ceux de la Grande Loge unie d'Angleterre, demandèrent que l'on modifie le premier article des *Constitutions* d'Anderson. Pour des raisons de divergence de points de vue, les *Constitutions* d'Anderson dans leur état originel se révèlent très vite être source de conflits. La maçonnerie doit-elle se cantonner à la stricte observance de la tradition et n'accepter au sein de ses loges que des croyants « orthodoxes » ou doit-elle s'autoriser à laisser entrer en ses murs des personnes se retrouvant dans des croyances plus philosophiques ? Plus pointu encore, doit-on tout simplement accepter d'initier des impétrants agnostiques, la question se pose. Pour y répondre, les maçons vont modifier à deux reprises ce fameux article sans toutefois apporter de réponse claire. Avec ces changements, le flou devient artistique. La liberté si chère à la franc-maçonnerie semble être également une forme de réponse aux éventuelles dissensions.

■ Le texte de 1738

Un maçon est obligé par sa tenure d'obéir à la loi morale en tant que véritable noachite et s'il comprend bien le métier, il ne sera jamais un athée stupide, ni un libertin irréligieux, ni n'agira à l'encontre de sa conscience.

Dans les temps anciens, les maçons chrétiens étaient tenus de se conformer aux coutumes chrétiennes de chaque pays où ils voyageaient.

Mais la maçonnerie existant dans toutes les nations, même de religions diverses, ils sont maintenant tenus d'adhérer à cette religion sur laquelle tous les hommes sont d'accord (laissant à chaque frère ses propres opinions) c'est-à-dire être hommes de bien et loyaux, hommes d'honneur et de probité, quels que soient les noms, religions ou confession qui aident à les distinguer : car tous s'accordent sur les trois articles de Noé assez pour préserver le ciment de la Loge.

Ainsi la maçonnerie est leur centre de l'union et l'heureux moyen de concilier des personnes qui, autrement, n'auraient pu que rester perpétuellement étrangères.

■ Le texte de 1813

Concernant Dieu et la religion : un maçon est obligé, de par sa tenure, d'obéir à la loi morale et s'il comprend bien l'Art, il ne sera jamais un athée stupide ni un libertin irréligieux.

De tous les hommes, il doit le mieux comprendre que Dieu voit autrement que l'homme car l'homme voit l'apparence extérieure alors que Dieu voit le cœur. Un maçon est par conséquent particulièrement astreint à ne jamais agir à l'encontre des commandements de sa conscience.

Quelle que soit la religion de l'homme ou sa manière d'adorer, il n'est pas exclu de l'Ordre, pourvu qu'il croie au glorieux Architecte du ciel et de la terre et qu'il pratique les devoirs sacrés de la morale.

Les maçons s'unissent aux hommes vertueux de toutes les croyances dans le lien solide et agréable de l'amour fraternel, on leur apprend à voir les erreurs de l'humanité avec compassion et à s'efforcer, par la pureté de leur propre conduite, de démontrer la haute supériorité de la foi particulière qu'ils professent...

■ Coordonnées des principales obédiences françaises

Grand Orient de France
16, rue Cadet
75009 Paris
http://www.godf.org

*Nombre de membres :
environ 45 000
Nombre de loges : environ 1 000
Les loges du GODF sont exclusivement masculines même si elles se donnent la possibilité de recevoir des sœurs et observent dans leur grande majorité le rite français.*

Grande Loge de France
8, rue Puteaux
75017 Paris
http://www.gldf.org/

*Nombre de membres :
environ 27 000
Nombre de loges : environ 750
La Grande Loge de France est exclusivement masculine et travaille principalement au rite écossais ancien et accepté.*

Fédération française du Droit humain
5, rue Jules-Breton
75013 Paris
http://www.droit-humain.org/

*Nombre de membres :
environ 14 000
Nombre de loges : environ 500
Le Droit humain est mixte et observe essentiellement le rite écossais ancien et accepté.*

Grande Loge féminine de France
60, rue de Vitruve 75020 Paris
http://www.glff.org/

*Nombre de membres :
environ 11 600
Nombre de loges : environ 350
La Grande Loge féminine de France est exclusivement féminine et n'accepte les hommes qu'en tant que visiteurs. Les loges observent aux trois quarts le rite écossais ancien et accepté, le rite français pour un peu moins d'un quart tandis que le reste travaille soit au rite d'adoption, soit au rite écossais rectifié.*

Grande Loge nationale Française
12, rue Christine-de-Pisan
75017 Paris
http://glnf.asso.fr

*Nombre de membres :
environ 30 000
La Grande Loge nationale de France est une obédience exclusivement masculine.*

Les grandes obédiences de la franc-maçonnerie française

Loge nationale Française
BP 161
92113 Clichy Cedex

Nombre de membres : environ 300
Nombre de loges : environ 20

Grande Loge mixte de France
108, boulevard Édouard-Vaillant
93300 Aubervilliers
http://www.glmf-fm.org/

Nombre de membres :
environ 2 050
Nombre de loges : 102
La Grande Loge mixte de France
est, comme son nom l'indique,
mixte et comprend environ 52 %
de femmes pour 48 % d'hommes.

Grande Loge traditionnelle
et symbolique Opéra
9, place Henri-Barbusse
92200 Levallois Perret
http://www.gltso.org/

Nombre de membres :
environ 3 000
Nombre de loges : 168
La Grande Loge traditionnelle
et symbolique Opéra est une
obédience exclusivement
masculine.

Grande Loge féminine
de Memphis-Misraïm
15, rue Brochant 75017 Paris
http://www.glfmm.fr/

Nombre de membres : 1 000
La Grande Loge féminine
de Memphis-Misraïm est, comme
son nom l'indique, une obédience
exclusivement féminine observant
le rite de Memphis-Misraïm.

Grande Loge mixte universelle
27, rue de la Réunion
75020 Paris
http://wwwglmu.org/

La Grande Loge mixte universelle
est bien évidemment mixte. Elle ne
compte que quelques membres.

Ordre international
traditionnel de l'Art royal
14, rue Jules-Vanzuppe
94200 Ivry-sur-Seine
http://www.oitar.org/

Nombre de membres : environ 1 000
Nombre de loges : 71
L'Ordre international traditionnel
de l'Art royal est un ordre mixte
dont les membres observent exclusi-
vement le rite opératif de Salomon.

■ Bibliographie exhaustive

Alighieri D., *La Divine Comédie*, Garnier frères, 1879
Amadou R., *La Tradition maçonnique*, Cariscript, 2000
Ambelain R., *Symbolique maçonnique des outils*, Edimaf, 1991
Autexier P. A., *L'Art de la planche*, Detrad, 1996
Badila J., *La Franc-maçonnerie en Afrique noire*, Detrad, 2004
Balmont M., *Hiram relectures*, Edimaf, 2004
Bauer A., *Isaac Newton aux origines de la franc-maçonnerie*, Table ronde, 2003
–, *Le Crépuscule des frères*, Table ronde, 2005
– et Boeglin E., *Le Grand-Orient de France*, PUF, 2002
Bayard J.-P., *La Spiritualité de la franc-maçonnerie*, Dangles, 1999
–, *Symbolique du temple*, Edimaf, 1999
–, *Symbolisme maçonnique traditionnel*, Edimaf, 1999
Beaumier M., *La Grande Loge féminine de France*, Edimaf, 2001
Beaurepaire P.-Y., *Europe des Francs-Maçons, XVIIIe - XXe siècle*, Belin, 2002
Bédarride A., *La Lettre G : Les Mystères de l'étoile flamboyante*, Télètes, 2004
Benoist L., *Signes, symboles et mythes*, PUF, 2003
Beresniak D., *La Franc-maçonnerie*, Grancher, 1988
– et Hamani L., *Symbole des francs-maçons*, Assouline, 2003
Bernheim A., *Les Débuts de la franc-maçonnerie à Genève et en Suisse*, Slatkine, 1994
Berteaux R., *Symbolique au grade d'apprenti*, Edimaf, 2000
–, *Symbolique au grade de compagnon*, Edimaf, 1986
–, *La Symbolique au grade de maître*, Edimaf, 1992
–, *La Symbolique des nombres*, Edimaf, 1997
–, *La Voie symbolique*, Edimaf, 1999
Blondel J.-F., *Les Logeurs du Bon Dieu*, Éditions de l'Ancre, 1992
Bongard R., *Manuel maçonnique du rite écossais ancien et accepté*, Dervy, 2002
Boucher J., *La Symbolique maçonnique*, Dervy, 1993
Burnat P. et Villeneuve de C., *Les Francs-Maçons des années Mitterrand*, Grasset, 1994
Cahier de l'Herne, *La Franc-maçonnerie : documents fondateurs*, Éditions de l'Herne, 1992
Campion L., *Le Drapeau noir, l'Équerre et le Compas, maison de la solidarité et de la fraternité*, Éditions Alternative Libertaire, 2002

Chédel A., *Au seuil du Temple de Salomon*, Mont-Blanc, 1977
Chevalier J., *Dictionnaire des symboles*, Robert Laffont, 1994
Chevallier P., *Histoire de la franc-maçonnerie française*, Fayard, 1995
–, *La Maçonnerie, école de l'égalité*, Fayard, 1974
–, *La Maçonnerie, église de la république*, Fayard, 1975
–, *La Maçonnerie, missionnaire du libéralisme*, Fayard, 1974
Coadic X., *L'Encyclopédie de la franc-maçonnerie*, Trajectoire, 2003
Combes A., *Histoire de la franc-maçonnerie au XIXe siècle*, Rocher, 1999
–, *Le Grand Orient de France au XIXe siècle, 1814-1865*, Edimaf, 2001
–, *Le Grand Orient de France, 1865-1914*, Edimaf, 2000
–, *Les Trois Siècles de la franc-maçonnerie française*, Edimaf, 1989
Conte C., Ragache J.-R., *Comment peut-on être franc-maçon*, Arléa-Corlet, 2000
Creusot C., *Face cachée des nombres*, Dervy, 1999
Dachez R., *Histoire de la franc-maçonnerie française*, PUF, 2006
Darricau R. et Peyrous B., *La spiritualité*, PUF, 1991
– , *Histoire de la spiritualité*, PUF, 1994
Daudin J.-F., *L'ABCdaire de la franc-maçonnerie*, Flammarion, 2003
Désaguliers R., *Les Pierres de la franc-maçonnerie, de la « première pierre » à la « pierre triomphale »*, Dervy, 1995
Doignon O., *L'Étoile flamboyante*, La Maison de Vie, 2002
–, *La Pierre brute*, La Maison de Vie, 2003
Doré A., *Vérité et légendes maçonniques*, Edimaf, 1991
Dubrun J.-P., *Qu'est-ce qu'un apprenti franc-maçon ?* La Maison de Vie, 2002
Ferré J., *Dictionnaire des symboles maçonniques*, Éditions du Rocher, 1997
–, *La Franc-maçonnerie et le Sacré*, Dervy, 2004
Ferrer-Benimeli J.A., *Les Archives secrètes du Vatican et de la franc-maçonnerie*, Dervy, 2002
Fromaget M., *Corps, âme, esprit*, Albin Michel, 1991
Garibal G., *Ombres et lumières sur la franc-maçonnerie*, Dervy, 2004
Garnier É., *Le symbolisme de la franc-maçonnerie française*, Éditions De Vecchi, 2006
Gayot G., *La Franc-maçonnerie française, textes et pratiques*, Gallimard, 1980, réédition Folio « Histoire » 1991
Gérard A. B. L., *La Franc-maçonnerie au risque de la modernité*, Institut toulousain d'études maçonniques, 2000
Ghyka M. C., *Le Nombre d'or*, Gallimard, 1990
Girollet A., *Victor Schoelcher, républicain et franc-maçon*, Edimaf, 2000
Gould R.F., *Histoire abrégée de la franc-maçonnerie*, Trédaniel, 1989
Grad A. D., *Initiation à la Kabbale hébraïque*, Rocher, 2001

Grandmaison R., *Pour une spiritualité initiatique*, La Maison de Vie, 2004
Groupe de recherche Alpina, *Guide du franc-maçon*, Lausanne, 1998,
Guede A., *Monsieur de Saint-Georges, le nègre des lumières*, Actes Sud, 1990
Guénon R., *Études sur la franc-maçonnerie et le compagnonnage*, Éditions traditionnelles, 1991
–, *La Grande Triade*, Gallimard, 1980
–, *Les États multiples de l'être*, Trédaniel, 1984
Guérillot C., *La légende d'Hiram selon le rite écossai ancien et accepté*, Maisnie-Trédaniel, 2003
–, *Les Degrés de l'exil*, Vega, 2004
Guérillot C., *Trois pas vers l'infini*, Dervy, 2003
Hoddap C. et Benhamou P., *La Franc-maçonnerie pour les nuls*, First, 2006
Honnecourt de V., *Travaux de la Loge nationale de Recherches*, Scribe, 2004
Horne A., *Le Temple de Salomon dans la tradition maçonnique*, Éditions du Rocher, 1994
Jacq C., *La Franc-maçonnerie, histoire et initiation*, Robert Laffont, 1998
Jode de M. et Cara M., *Dictionnaire des francs-maçons illustres*, Dervy, 2006
Kirk W., Nully M., *La Franc-maçonnerie, voyage à travers les rites et les symboles*, Le Seuil, 1993
Knight C. et Lomas R., *Le Livre d'Hiram*, Dervy, 2004
– – – et Lioncourt de A., *La Clé d'Hiram*, Dervy, 1997
– – – et Menanteau E., *Le Second Messie*, Dervy, 2000
Langlet P., *Textes fondateurs de la franc-maçonnerie*, Dervy 2006
Lapidus M., *La Pierre cubique*, La Maison de Vie, 2003
Lefebvre D., *Socialisme et franc-maçonnerie, le tournant du siècle*, Bruno Leprince, 2000
Leforestier R., *La Franc-maçonnerie templière et occultiste aux XVIIIe et XIXe siècles*, Déméter, 1988
Lejeune A., *Les Trois Grands Piliers*, La Maison de Vie, 2003
Lemaire J., *Les Origines françaises de l'anti-maçonnisme*, Université de Bruxelles, 1985
Les Cahiers de Boscodon, édités par l'Association des amis de Boscodon, 1992
Lhomme J., Maisondieu E. et Tomaso J., *Dictionnaire thématique illustré de la franc-maçonnerie*, Éd. du Rocher, 1993
Ligou D., *Les Constitutions d'Anderson (1723)*, Romillat, 1993
–, *Dictionnaire de la franc-maçonnerie*, PUF, 2006
–, *Histoire des francs-maçons en France*, Privat, 2000
Mafuta F.-X., *Mystères bibliques de la franc-maçonnerie*, Éditions du Cosmogone, 2004

Mainguy I., *De la symbolique des chapitres en franc-maçonnerie : rite écossais ancien et accepté et rite français*, Dervy, 2005

–, *La Symbolique maçonnique du troisième millénaire*, Dervy, 2001

–, *Symbolique des grades de perfection et des ordres de sagesse*, Dervy, 2003

Maisonneuve J., *Les Rituels*, PUF, 1988

Marcos L., *Histoire du rite français au XIXe siècle*, Edimaf, 2002

Marcy H. F., *L'Origine de la franc-maçonnerie et l'histoire du Grand Orient de France*, Edimaf, 1956

Marion N., *Qu'est-ce que la franc-maçonnerie ?* Bussière, 2002

Martin L. P, *les Francs-Maçons dans la cité*, Presses universitaires de Rennes, 2000

Mary R. L., *L'Initiation*, Trédaniel, 1993

Masson H., *Dictionnaire initiatique*, Belfond, 1975

Maxence J.-L., *Jung est l'avenir de la franc-maçonnerie*, Dervy, 2004

Mellor A., *Dictionnaire de la franc-maçonnerie et des francs-maçons*, Belfond, 2005

–, *La Grande Loge nationale française*, Belfond, 1980

Merle J.-M. et Viot M., *Ces francs-maçons qui croient en Dieu*, Éditions du Quai-Voltaire, 1992

Michaud D., *Les Trois Fenêtres du tableau de loge*, La Maison de Vie, 2004

Mollier P., *La Chevalerie maçonnique : franc-maçonnerie, imaginaire chevaleresque et légende templière au siècle des Lumières*, Dervy, 2005

Naudon P., *Histoire générale de la franc-maçonnerie*, Charles Moreau Éditions d'Art, 2004

–, *Histoire, rituels et tuileur des hauts grades maçonniques*, Dervy, 2003

–, *La Franc-maçonnerie*, PUF, 2002

Nefontaine L., *La Franc-maçonnerie, une fraternité révélée*, Gallimard, 1994

–, *Symboles et symbolisme dans la franc-maçonnerie*, Université de Bruxelles, 1997

Plantagenet E., *Causeries initiatiques, 1 : pr travail loge apprentis*, Dervy, 1992

–, *Causeries initiatiques, 2 : pr travail chambre de compagnons*, Dervy, 1992

–, *Causeries initiatiques, 3 : pr travail chambre du milieu*, Dervy, 1992

Porset C., « Le Secret », *Les premiers pas de la franc-maçonnerie en France au XVIIIe siècle*, Edimaf, 2000

–, *La Devise maçonnique « Liberté, Égalité, Fraternité »*, Edimaf, 1998

Pozarnik A., *À la lumière de l'Acacia*, Dervy, 1999

–, *L'Agir de l'être initiatique*, Dervy, 2003

–, *La Voûte sacrée : de la maîtrise à la perfection*, Dervy, 1995

–, *Le Secret de la rose*, Dervy, 1999

–, *Mystères et actions du rituel d'ouverture en loge maçonnique*, Dervy, 1999

Ragache V., *Le Grand Orient de France et l'affaire Dreyfus, mythes et réalité, 1894-1906*, Edimaf, 1998

Riffard P. A., *L'Ésotérisme*, Robert Laffont, 1990

Rochigneux J.-C., *Tapis de loge au grade d'apprenti*, Edimaf, 2003

–, *Tapis de loge au grade de compagnon*, Edimaf, 2003

Rousse Lacordaire J., *Rome et les francs-maçons, histoire d'un conflit*, Berg, 1996

Saliceti C., *L'humanisme a-t-il un avenir?* Dervy, 2004

Saunier E., *Encyclopédie de la franc-maçonnerie*, Le Livre de poche, 2000

Schmitt J.-C., La Raison des gestes dans l'Occident médiéval, Gallimard, 1990

Schnetzler J.-P., *La Franc-maçonnerie comme voie spirituelle*, Dervy, 1999

Solis J., *Guide pratique de la franc-maçonnerie*, Dervy, 2001

Taguieff P.-A., *Les protocoles des sages de Sion*, Fayard, 2004

Thual F., *Géopolitique de la franc-maçonnerie*, Dunod, 1994

Tort-Nouguès H., *L'Idée maçonnique : essai sur une philosophie de la franc-maçonnerie*, Trédaniel, 1990

Tourniac J., *Principes et problèmes spirituels du rite écossais rectifié et de sa chevalerie templière*, Dervy, 2001

–, *Symbolisme maçonnique et tradition chrétienne*, Dervy, 1993

Trescases J., *L'Étoile flamboyante ou la Recherche d'une parole perdue*, Maisnie-Trédaniel, 1993

Villeneuve J.-P., *Les Maçons, les Gants et le Tablier*, Dervy, 2006

Weber E., *Satan, franc-maçon*, Gallimard « Archives », 1964

Wirth O., *La Franc-maçonnerie rendue intelligible à ses adeptes*, Dervy, 1999

–, *Le Symbolisme occulte de la franc-maçonnerie*, Dervy, 2004

Zeller F., *Trois points c'est tout*, Robert Laffont, 1976

■ Table des matières

Préambule 5

Histoire de la franc-maçonnerie 7
    Histoire de la franc-maçonnerie opérative 7
    La franc-maçonnerie ne procède pas
    du compagnonnage, au contraire 10
    De la franc-maçonnerie opérative
    à la franc-maçonnerie spéculative 11
    Histoire mythique de la franc-maçonnerie 14
    La création de la première obédience
    et ses conséquences 17
    La Grande Loge unie d'Angleterre :
    étalon de régularité maçonnique ? 21
    L'introduction de la franc-maçonnerie
    en France 24

Les rites 28
    Les rites traditionnels 29
    Les rites égyptiens 34

**Le symbolisme maçonnique :
« langage immémorial s'adressant à l'intellect »** 40

Qu'est-ce qu'une obédience ? 43

La franc-maçonnerie française 47
    Le Droit humain 48
    La Grande Loge nationale de France 50
    La Grande Loge traditionnelle
    et symbolique Opéra 53
    La Grande Loge de France 54
    La Grande Loge féminine de France 56

La Grande Loge mixte universelle	58
L'Ordre initiatique et traditionnel de l'Art royal	59
Le Grand Orient de France	60
La Grande Loge mixte de France	62
La Grande Loge française de Memphis-Misraïm	63
La Grande Loge féminine de Memphis-Misraïm	64

Panorama de la franc-maçonnerie à travers le monde 65

La franc-maçonnerie en Europe	67
La franc-maçonnerie aux États-Unis	70
La franc-maçonnerie en Amérique latine	76
La franc-maçonnerie en Asie	77

La franc-maçonnerie mondiale existe-t-elle? 79

Quelques francs-maçons célèbres 82

Annexes

Échelles de rites	100
Tous les rites	105
Les *Constitutions* d'Anderson	107
Les modifications de 1738 et 1813	115
Coordonnées des principales obédiences françaises	117
Bibliographie exhaustive	119

*Achevé d'imprimer
sur les presses de Normandie Roto Impression s.a.s. (Orne),
en mars 2007*

*Dépôt légal : mars 2007
Numéro d'éditeur : 9825
Numéro d'imprimeur : 070655*

Imprimé en France